Investigando juntas

Elogios de la crítica

'*Investigando juntas* es un libro excelente que muestra las conclusiones de una investigación colaborativa, realizada tanto en persona como a distancia a lo largo de todas las etapas del proceso de investigación. Muestra cómo la colaboración también contribuye al proceso de escritura, resultando en un libro muy accesible y revelador que será de gran interés para estudiantes, académicos, profesionales y representantes de comunidades interesados en la investigación colaborativa sobre desplazamiento en Colombia.'

Dr Philipp Horn, Escuela de Geografía y Planificación, Universidad de Sheffield

'Nacido en una época en la que la mayoría de los proyectos de investigación cualitativa se vieron obligados a detenerse, este libro constituye una contribución fuerte y original al creciente campo de la investigación participativa. Es a la vez una guía práctica para la investigación inclusiva y no extractiva a distancia, y un testimonio potente de creatividad, uso inteligente de la tecnología, y verdadera co-creación.'

Elena Butti, Centro sobre Conflictos, Desarrollo y Consolidación de la Paz,
Instituto de Posgrado de Ginebra

'El desplazamiento desgarra y la juntanza ayuda a sanar. Investigando Juntas muestra cómo la Investigación–Acción–Participación en pandemia abrió un espacio donde mujeres desplazadas pudieron narrar, en imágenes y palabras, su propio modo de habitar y rehacer la ciudad. Una contribución luminosa a la investigación feminista y decolonial.'

Catalina Ortiz, Directora UCL Urban Lab

Investigando juntas

Co-produciendo conocimiento con mujeres en Colombia sobre el desplazamiento

Sonja Marzi, Rachel Pain y Jen Tarr
Traducido por Andrea Riffo M.

Practical
ACTION
PUBLISHING

Practical Action Publishing Ltd
25 Albert Street, Rugby,
Warwickshire, CV21 2SD, Reino Unido
www.practicalactionpublishing.com

Primera edición en inglés publicada por Routledge, 2025

Las autoras han ejercido su derecho, conforme a lo dispuesto en la Ley de Derechos de Autor, Diseños y Patentes de 1988 del Reino Unido, a ser identificadas como autoras de esta obra.

Los nombres corporativos o de productos pueden ser marcas comerciales o marcas registradas, y se utilizan únicamente con fines de identificación y explicación, sin la intención de infringir derechos.

La Biblioteca Británica dispone de un registro de catalogación para este libro.

Se ha solicitado un registro de catalogación para este libro a la Biblioteca del Congreso.

ISBN 978-1-78853-416-1 Tapa blanda
ISBN 978-1-78853-419-2 Libro electrónico

Cita recomendada: Marzi, S., Pain, R., Tarr, J., (2025), *Investigando juntas: Co-produciendo conocimiento con mujeres en Colombia sobre el desplazamiento*, Rugby, Reino Unido: Practical Action Publishing http://doi.org/10.3362/9781788534192

Desde 1974, Practical Action Publishing ha publicado y difundido libros e información en apoyo al trabajo de desarrollo internacional en todo el mundo.

Practical Action Publishing es un nombre comercial de Practical Action Publishing Ltd ((N.º de registro de la empresa: 1159018), la editorial de propiedad total de Practical Action. Practical Action Publishing opera únicamente en apoyo a los objetivos de su organización benéfica matriz, y todos los beneficios se transfieren mediante acuerdo a Practical Action (N.º de registro benéfico: 247257, N.º de registro de IVA del grupo: 880 9924 76).

Las perspectivas y opiniones expuestas en esta publicación son responsabilidad del autor/a, y no representan las de Practical Action Publishing Ltd ni las de su organización benéfica matriz, Practical Action.

Se han hecho esfuerzos razonables para publicar datos e información confiables, pero las autoras y la editorial no pueden asumir responsabilidad por la validez de todo el material ni por las consecuencias de su uso.

Diseño de portada: Ana María Díaz Restrepo
Composición tipográfica: vPrompt eServices, India

El representante autorizado del fabricante en la UE para la seguridad del producto es Lightning Source France, 1 Av. Johannes Gutenberg, 78310 Maurepas, France. compliance@lightningsource.fr

Dedicado a todas las mujeres desplazadas y víctimas de la violencia, que hoy continúan luchando por sus sueños y son inspiración para salir adelante.

Índice

Lista de figuras, tablas y videos

Acerca de los editores

Sonja Marzi es profesora asistente en la Universidad Radboud de Nimega (Países Bajos). También ocupa el puesto de investigadora visitante en la London School of Economics and Political Science. Su investigación contribuye a una mejor comprensión de la resistencia de las mujeres frente a la violencia, su activismo, y los desafíos urbanos que enfrentan en contextos de conflicto y crisis.

Rachel Pain es profesora de Geografía Humana en la Universidad de Newcastle (Reino Unido). Su investigación aborda la violencia de género, los desastres y procesos de recuperación, y el trauma urbano, mediante métodos de investigación-acción participativa. Recientemente fue coautora de *Critically Engaging Participatory Action Research* (con Sara Kindon/Mike Kesby 2025) y *Gender-Based Violence and Layered Disasters* (con Nahid Rezwana 2023).

Jen Tarr es profesora titular de Métodos de Investigación en Ciencias Sociales y Directora de Educación y Desarrollo para Investigadores en la Universidad de Newcastle (Reino Unido). Es socióloga de la salud de formación y su investigación se centra en los métodos y la ética de medios visuales y digitales.

Reconocimientos

Aunque podríamos incluir muchos nombres en este apartado, lo más importante es que escribir este libro no habría sido posible sin el arduo trabajo y la dedicación de nuestras mujeres coinvestigadoras y del equipo de investigación colombiano. Dimos inicio al proceso y a este proyecto durante la pandemia, en un momento en que el mundo y el futuro parecían más inseguros que nunca. Sin embargo, el reunirnos en línea cada semana y trabajar en la realización de una película que representara a las mujeres desplazadas de Colombia en sus propios términos, creó un espacio de continuidad y esperanza. Desde entonces, se han forjado amistades sólidas, especialmente porque hemos podido volver a reunirnos en persona. En ese entonces, nunca imaginamos que terminaríamos escribiendo un libro como este. Realmente creemos que se trata de un libro especial, con un formato innovador que permite que las historias de las mujeres se escuchen de una manera diferente. Agradecemos (Sonja, Rachel y Jen) a Colombia y a todas las personas del país que participaron en este proceso. Muchas gracias por su colaboración, por enseñarnos y por compartir sus historias de vida con nosotras. Esperamos que este libro sea lo que ustedes esperaban que fuera.

También queremos agradecer a la profesora Cathy McIlwaine y al profesor Gareth Jones por formar parte del comité asesor del proyecto de investigación inicial. Su apoyo fue invaluable durante todo el proceso. Por último, agradecemos a la Universidad de Glasgow por apoyar este proyecto de libro con una Cuenta de Aceleración del Impacto del Consejo de Investigación Económica y Social (ESRC, por sus siglas en inglés).

Con contribuciones de las siguientes personas

Equipo de investigación colombiano

- **María Fernanda Carrillo Sánchez** es una cineasta, socióloga y profesora de la Universidad Autónoma de la Ciudad de México, candidata a Doctorado en Artes y Diseño (Cine documental) en la Escuela Nacional de Artes Cinematográficas UNAM. Su investigación y creación contribuyen a los estudios de la memoria, el cine etnográfico, los documentales colaborativos y el uso de archivos audiovisuales.
- **Ana María Díaz Restrepo** es una artista y abogada. Ha trabajado con víctimas de conflicto armado de maneras creativas y, como abogada, se ha enfocado en la violencia de género. Su trabajo como artista se centra en los procesos de ausencia que surjen en las desapariciones relacionadas con el conflicto armado colombiano.
- **Carolina Dorado Lozano** tiene una Maestría en Estudios de la Cultura con Mención en Género y Cultura, y Licenciatura en Básica Primaria con énfasis en Ciencias Sociales. Es una lideresa social y comunitaria con interés en el diseño de herramientas metodológicas y pedagógicas para la construcción de conocimiento colectivo en proyectos de educación popular, feminismo y cine comunitario.
- **Lina María Zuluaga García** es una antropóloga con experiencia en investigación-acción participativa. Además de sus propias actividades de investigación sobre género y conflicto y Colombia, se especializa en consultoría metodológica y temática en materia de seguridad, derechos humanos y cuestiones de género.

Coinvestigadoras colombianas

Yesenia Agudelo Ortiz, con raíces en Antioquia, ahora reside en Medellín. Lideresa comunitaria y profesora de primera infancia, organiza y participa activamente en procesos dirigidos a apoyar a las mujeres de su comunidad. Motivada por su compromiso con su hija y su pueblo, lucha por generar un cambio positivo en su país.

Nancy Callejas, desplazada de Cundinamarca, huyó a Medellín con sus tres hijas debido al conflicto y aún reside allí. Pese a todas las dificultades, se considera una luchadora que valora las bendiciones de la vida. Le encanta pasar tiempo con su nieto y disfruta estar cerca de la naturaleza.

María Eugenia Cataño fue desplazada de San Pablo junto a sus hijos y actualmente reside en Medellín. Es una artesana y costurera que disfruta del trabajo con mujeres y personas jóvenes desplazadas, y que lucha por mejorar las condiciones económicas de quienes han sido víctimas de desplazamiento.

Mariela Leonor Echeverría es una lideresa comunitaria, emprendedora y actriz. La apasiona el cine comunitario, ya que le permite llevar amor, historias y aprendizaje a la comunidad. Ella y su familia debieron abandonar su hogar debido al desplazamiento intraurbano, dejando atrás lo poco que había construido y viéndose forzada a reconstruir su historia.

Marisol Cely Echeverría, una joven soñadora y trabajadora incansable, desplazada desde Suba, Bogotá, a una edad temprana debido al conflicto, se vio obligada a reubicarse dentro de la ciudad. Allí, comenzó a establecer nuevas raíces y más firmes, y a participar activamente en procesos comunitarios, con el objetivo de aprender y contribuir.

Yamile García V., desplazada en Medellín, es una lideresa comunitaria tanto a nivel de barrio como a nivel de ciudad, donde se enfoca en cuestiones ambientales, riesgos y preocupaciones sociales, y trabaja activamente con los jóvenes y adultos mayores de su comunidad para mejorar sus condiciones y calidad de vida.

María Yovana Hernández, originaria del municipio de Dabeiba, ahora vive en Medellín con su hija debido a desplazamiento económico. Es una mujer independiente, decidida a salir adelante con la frente en alto, sin importar los desafíos que deba enfrentar, y siempre manteniendo su fe en Dios.

Jessica Lorena Medina Patiño, residente de Bogotá, se identifica a sí misma como víctima del conflicto colombiano. Como trabajadora social y defensora de los derechos humanos, ella acepta su camino con fe en Dios y la profunda convicción de que su propósito es tener un impacto significativo en su comunidad.

María Leticia Mesa Ortíz vivió el desplazamiento dentro de Medellín. Como lideresa comunitaria, participa activamente en los procesos locales de su barrio y trabaja con dedicación para compartir sus conocimientos sobre asuntos medioambientales, nutricionales y comunitarios, con el fin de ayudar a mejorar vidas. Es miembro del movimiento Ruta Pacífica de las Mujeres, que lucha por los derechos de las mujeres.

Sara Moreno, nacida en Bogotá y desplazada de Sasaima, Cundinamarca, ahora reside en Medellín. Es la lideresa de un grupo juvenil dedicado a brindar orientación y apoyo a las juventudes desplazadas, ayudándolas a mantenerse alejadas de las drogas y a construir un futuro lleno de esperanzas y oportunidades.

Angie Yisel Ortíz, desplazada a una edad temprana, se reubicó en Bogotá, donde reside actualmente. Trabaja con niños y se sostiene económicamente mediante su propio negocio y la creación de productos de belleza hechos a mano.

Elvira Patiño, desplazada de Santander de Sur, ahora reside en Bogotá y se describe a sí misma como "humilde". Es una lideresa comunitaria que dirige una ONG dedicada a ayudar a su comunidad proporcionando alimentos, educando a las personas sobre sus derechos y apoyando a quienes han sido víctimas de desplazamiento para que adquieran más independiencia.

Ana Nury Quintero Solís fue desplazada de Santander de Quilichao Valle y ahora vive en Bogotá. Es una mujer que ama la vida, dispuesta a enfrentar al mundo entero, y trabaja arduamente cada día, para salir adelante por su hijo.

María Isela Quintero, fue desplazada de la zona Este de Antioquia y ahora vive en Medellín. Es una activista con más de 20 años de experiencia resistiendo el conflicto colombiano, que trabaja tanto a nivel local como a nivel internacional, enfocada en preservar la memoria y crear conciencia de la violencia propia del conflicto, con el fin de asegurar que las tragedias que provoca nunca se repitan.

Laura Inés Quintero, orgullosa residente de Medellín, es una lideresa comunitaria dedicada en su barrio. Apasionada por trabajar con su comunidad, especialmente con la juventud, participa activamente en diversas iniciativas sociales dirigidas a apoyar y mejorar su barrio urbano.

Ingrid Tatiana Rincón Castro fue desplazada de Rio Blanco, Tolima, y ahora vive en Bogotá. Se describe a sí misma como una madre, una soñadora y una guerrera, y declara con firmeza que darse por vencida y rendirse no es una opción.

Bertha Inés Torres Rodríguez, desplazada de San José de Oriente (Cesar), ahora vive en Medellín. Es una mujer decidida, con muchos sueños que alcanzar junto a su familia a pesar de los desafíos propios de comenzar una vida nueva en una nueva ciudad.

Angélica María Umaña V. vive en Bogotá. Su sueño sería conocer otros países, y trabajar y vivir en ellos sin problemas.

Mille Palomino Casierra, originaria de Cali, Valle del Cauca, ahora reside en Bogotá. Aunque ha enfrentado muchos desafíos en su vida, se mantiene decidida a salir adelante, y es la fundadora del colectivo artístico Artes Raíces.

Nury Tique Andrade, desplazada de Tolima debido al conflicto, ahora reside en Bogotá con sus hijos y su pareja. Lideresa comunitaria en su barrio, uno de sus logros desde su reubicación en la ciudad es haber construido su propia casa, su querido "palacio", que también funciona como un espacio comunitario.

Rosa Lidia Torres Marín está viviendo en Medellín y es una lideresa comunitaria. Es una víctima del conflicto armado, desplazada del municipio de Cañas Gordas, Antioquia, en 1987. Hoy, dedica su vida a apoyar a otras personas y a luchar contra la violencia en su país.

Ana Patricia Zapata Z., desplazada de Antioquia, ahora vive en Medellín. Lideresa comunitaria y emprendedora, opera un negocio desde su hogar a la vez que cuida de su padre, con el apoyo de su esposo. Adora a sus sobrinas y sobrinos como si fueran sus hijos. Se describe a sí misma como una persona alegre, sociable y trabajadora.

CAPÍTULO 1
Introducción

Sonja Marzi, Rachel Pain y Jen Tarr

¿Cómo podemos seguir investigando juntas si no podemos reunirnos en el mismo lugar geográfico?

Este libro se enfoca en esta pregunta. Escrito por investigadoras y cineastas en el Reino Unido y Colombia, entre quienes se incluyen 24 coinvestigadoras que son mujeres desplazadas en las dos ciudades colombianas de Bogotá y Medellín, este libro es una reflexión sobre nuestras experiencias de coproducción de una investigación entre 2020 y 2022. Comenzamos de manera remota (en línea) y después nos reunimos en persona, de forma presencial.

La pandemia del COVID-19, que golpeó al mundo a principios de 2020, afectó a la mayoría de los países debido a la imposición de cuarentenas, restricciones de viaje y al contacto social. Las consecuencias directas e indirectas en la salud, las tasas de mortalidad y las fuertes repercusiones sociales y económicas a lo largo de los meses y años siguientes son, por supuesto, los impactos devastadores con los que muchas personas están familiarizadas (véase Appiah 2021; Ensler 2021). Al igual que muchos investigadores, nosotras también enfrentamos el desafío de cómo continuar nuestro trabajo, dado que reunirnos con quienes participaban en la investigación en un lugar geográfico se había tornado imposible debido a las restricciones de viajes y los riesgos para la salud. Esto nos afectó especialmente a quienes usamos métodos de investigación que dependen de una actividad presencial, sobre todo en enfoques que comprenden una coproducción e investigación participativa. Los enfoques bajo este paraguas, sobre los que hablaremos más adelante, dependen mucho de pasar un período más prolongado con quienes participan en la investigación, *in situ*; de establecer confianza, de diseñar la investigación y llevar a cabo juntos la recopilación de datos y el análisis.

Muchos investigadores se vieron obligados a detener sus actividades de investigación durante este período, o a modificar el diseño de su investigación y recurrir a fuentes secundarias o a métodos más rápidos y extractivos. En algunos casos, se produjo un alejamiento de los enfoques de investigación más profundos y colaborativos que habían adquirido más popularidad en el último tiempo, como también de los efectos positivos que estos enfoques pretenden cocrear (Marzi 2023a). Paradójicamente, esto estaba ocurriendo en un momento en que los aspectos colaborativos de la investigación se volvían más valiosos. Las metodologías que integran participación y coproducción suelen ser adoptadas por y con las comunidades más desfavorecidas del mundo, lo que conlleva el potencial de desarrollar conocimientos valiosos que pueden aportar al cambio y la transformación social (Kindon, Pain, y Kesby 2007a). Esto es especialmente cierto en tiempos de crisis y posteriores. Con frecuencia son estas comunidades, y especialmente las mujeres, las más afectadas por las emergencias, las crisis, los conflictos y las revueltas sociales (incluida la pandemia del COVID-19), pero rara vez se las escucha o incluye en las respuestas a emergencias y crisis (Bradshaw 2015; Bradshaw y Fordham 2015).

Una consecuencia de este nuevo panorama de investigación en pandemia es que muchos investigadores desarrollaron rápidamente nuevos métodos para comenzar a recopilar datos, o para seguir haciéndolo (Howlett 2021; Horn y Casagrande 2023; Lomax, Smith, y Percy-Smith 2022; Lupton 2020; Marzi 2020). Nuestro equipo formó parte de esta iniciativa, en búsqueda de soluciones que nos permitieran continuar con la Investigación Acción Participante (IAP) a nivel transnacional, creando conexiones y participando con nuestras coinvestigadoras para coproducir conocimientos. De hecho, nos pareció especialmente importante documentar las experiencias vividas durante la pandemia y otras crisis. Desarrollamos una metodología que comprendió el uso de teléfonos inteligentes para conectarse a distancia, para recopilar y compartir material audiovisual y escrito, y para realizar talleres sincrónicos en línea (Marzi 2023a; Marzi 2023b). Con el transcurso del tiempo, cuando fue posible viajar, incluimos también elementos de investigación presencial, lo que lo convirtió en un proyecto de investigación híbrida; es decir, que aplica métodos y prácticas que se llevan a cabo en parte a distancia y en parte de forma presencial.

En este libro, damos cuenta de nuestra investigación conjunta y reflexionamos sobre nuestras experiencias. Compartimos parte de los conocimientos que coprodujimos con 24 coinvestigadoras, que son mujeres desplazadas, sobre sus experiencias de desplazamiento, cómo las personas reconstruyen sus vidas en entornos urbanos, y sus aspiraciones para el futuro desde una perspectiva de género. También ofrecemos orientación a otras personas sobre la metodología audiovisual participativa a distancia/híbrida, que desarrollamos durante el auge de la pandemia del COVID-19, cuando no nos fue posible reunirnos con nuestras coinvestigadoras como habíamos hecho previamente. A continuación, presentamos parte de los conocimientos empíricos que desarrollamos junto con las mujeres desplazadas, mediante nuestra innovadora metodología a distancia/híbrida, para demostrar sus ventajas y valor, pero también para compartir lo que ellas consideraron importante contar. Esta investigación coproducida es de naturaleza sensible, y se enfoca en las experiencias de desplazamiento, violencia y trauma de las mujeres en Colombia. Sostenemos que una investigación de esta naturaleza solo debe realizarse si hay una relación estrecha y, aún más importante, con participación activa de quienes se han visto afectadas por la violencia y el trauma: coproducir conocimientos en lugar de cosecharlos. Más adelante planteamos esta necesidad de un enfoque de coproducción.

Las ventajas de la investigación híbrida y a distancia: investigación a largo plazo en la era postpandemia

Nuestra investigación sugiere que el aumento en el uso de teléfonos inteligentes a nivel mundial ofrece una excelente oportunidad para que los investigadores se conecten con los participantes de manera transnacional y a distancia. Estos teléfonos son una excelente herramienta para que los participantes expresen y documenten sus perspectivas, además de facilitar la coproducción de conocimientos. Sin embargo, y de igual importancia, creemos que, para que el proceso de investigación y sus resultados sean significativos, éticos, equitativos y profundamente comprometidos, es necesario dedicar un cuidado y atención minuciosos a la metodología relacionada con el uso de esta herramienta. En este sentido, la metodología participativa a distancia que hemos desarrollado, basada en el uso de teléfonos inteligentes y espacios en línea, nos ofrece diversas formas de trabajar en conjunto de manera tanto sincrónica como asincrónica, así como de seguir investigando de manera híbrida. Los y las coinvestigadoras pueden compartir datos mediante material textual, auditivo y audiovisual para continuar con la coproducción de conocimientos y ofrecer perspectivas profundas durante situaciones de emergencia en curso.

Esto también puede dar lugar a la inclusión de aquellos participantes de la investigación cuyas voces no suelen escucharse en estos tiempos. Sin embargo, más allá de esto, las metodologías a distancia ofrecen ventajas que hacen de la investigación una actividad más accesible para todos y todas. El modelo tradicional de investigación transnacional, que comprende viajes internacionales y largos períodos fuera del lugar de trabajo habitual y del hogar de los investigadores, ha recibido críticas de muchas personas que lo consideran una continuación de prácticas coloniales, patriarcales y clasistas. Es un modelo a menudo inaccesible para quienes se encuentran en países, instituciones y comunidades empobrecidas o con menos recursos, para quienes tienen responsabilidades de cuidado, y para aquellos que padecen discapacidades o enfermedades crónicas.

Así, nosotras planteamos que la investigación a distancia e híbrida promete una investigación más inclusiva, equitativa, decolonial y sostenible en cuanto a la reducción del impacto ambiental sobre el planeta. Estos requisitos siguen siendo relevantes en el panorama postpandemia, y contar con estas competencias ayuda a garantizar el futuro de nuestra investigación. Sin embargo, estas ventajas distan mucho de ser automáticas. Para hacerse realidad, requieren de un profundo compromiso con la participación igualitaria, así como reconocer que los mejores planes e intenciones suelen encontrar obstáculos en la vida real. Exigen el compromiso de abordar las inequidades y otros problemas que surgen durante el proceso de investigación.

Nuestro proyecto de investigación: un resumen

Financiado mediante una subvención para desarrollo metodológico del Consejo de Investigación Económica y Social (ESRC) del Reino Unido, nuestro proyecto desarrolló la innovadora metodología audiovisual participativa a distancia/híbrida descrita en este libro. Creamos esta metodología pionera en colaboración con 24 mujeres desplazadas en Bogotá y Medellín, quienes hicieron de coinvestigadoras junto a investigadoras y cineastas de Colombia y el Reino Unido. Exploramos y pusimos a prueba los desafíos metodológicos, éticos y técnicos, como también las posibilidades, propias del uso de los teléfonos inteligentes para la captación de participantes a distancia y para la recolección y el análisis de datos audiovisuales participativos. El equipo usó estos datos para coproducir un documental sobre las experiencias de desplazamiento de las mujeres, los desafíos que enfrentaron en las ciudades en que se asentaron, y sus esperanzas para el futuro. El documental final, titulado "Volviendo a Vivir", está disponible para el público en el siguiente enlace: https://youtu.be/mBLsfgFOzHI

Una investigación participativa rigurosa, como presentaremos en detalle, debe ser flexible y tener la capacidad de responder a los nuevos desafíos que surgen sobre el terreno. Al principio, nuestro tema para esta investigación era el derecho a la ciudad de las mujeres durante la pandemia. Sin embargo, nuestras coinvestigadoras nos informaron rápidamente que ellas no usaban la palabra "pandemia" exclusivamente en referencia al COVID-19 y, en su lugar, enfocaron la investigación en las numerosas "pandemias" (sus palabras) con las que viven. Estas incluyen la desatención general a sus necesidades por parte del Estado, y los riesgos elevados que conlleva la violencia política y estructural que enfrentan en su vida cotidiana. Por consiguiente, el enfoque de la investigación cambió para centrarse en explorar diversas perspectivas sobre las vivencias de las mujeres desplazadas debido a la situación de conflicto en Colombia, los desafíos a los que se enfrentan en sus entornos urbanos actuales, y sus esperanzas para el futuro, así como las acciones adoptadas para hacer posible un futuro mejor (seguir adelante) (véase también Marzi y Pain 2024). Este libro está basado en los hallazgos metodológicos y sustanciales de este proyecto de Investigación Acción Participante y cocreación.

Los objetivos de este libro

Escribimos este libro con tres objetivos clave.

El primero consiste en compartir los conocimientos metodológicos que hemos adquirido a partir de la metodología audiovisual participativa a distancia/híbrida que desarrollamos en conjunto con coinvestigadoras de Colombia y el Reino Unido. Por este medio, queremos ofrecer los fundamentos epistemológicos de la metodología, incluidos la filosofía y los principios en los cuales se basa. Este libro pretende ser una guía práctica para ayudar a otros investigadores, profesionales y activistas de la comunidad a adoptar y utilizar la metodología en su propio trabajo y según sus propias necesidades. Creemos que será especialmente valioso en contextos en los que sea necesario mantener la distancia geográfica entre el investigador/profesional, y los participantes.

En particular, esperamos que este libro enriquezca y posibilite la realización de más investigaciones en el contexto de emergencias climáticas, catástrofes, zonas de conflicto, o simplemente situaciones en las que no se dispone de los fondos necesarios para realizar viajes internacionales. Todos estos son retos específicos de la investigación transnacional, aun cuando —a nuestro parecer— la investigación colaborativa que se lleva a cabo con comunidades marginadas desempeña un papel cada vez más valioso y urgente en tiempos de crisis. Una metodología visual participativa a distancia/híbrida nos permite continuar o dar inicio al trabajo participativo, y a la vez garantiza que la coproducción y el impacto estén incorporados y tengan el potencial de generar cambios y una transformación social (Marzi 2023a). El enfoque innovador que adoptamos, utilizando espacios y tecnologías en línea, tenía como base relaciones estrechas y puede utilizarse y ofrecer perspectivas a largo plazo para la investigación académica y más allá. En este libro entregamos una explicación detallada sobre cómo desarrollamos la metodología y el uso que le dimos, y esperamos que sea una guía útil para cualquiera que desee trabajar de forma participativa, ya sea en línea o de manera híbrida. En este sentido, este libro es un aporte a aquellas discusiones sobre la coproducción de conocimientos, especialmente mediante el uso de metodologías participativas (acción) y en un panorama investigativo postpandemia.

El segundo objetivo es contribuir a la comprensión del desplazamiento, el género y la ciudad, para lo que se centra en los propios testimonios de mujeres desplazadas, y en su trabajo y aspiraciones para el futuro. Por ende, el libro también incluye contenido sustantivo que surgió de la investigación, y muestra el tipo de conocimiento profundo y poderoso que puede coproducirse con el uso de esta metodología. En él, nuestras coinvestigadoras, las 24 mujeres desplazadas en Bogotá y Medellín, utilizan el material textual y audiovisual que crearon y analizaron como parte del proyecto para compartir sus experiencias de desplazamiento hacia y dentro de la ciudad. Los capítulos que abordan el desplazamiento, los desafíos urbanos y las esperanzas para el futuro son de su propia coautoría, y ofrecen una visión especial de las vivencias de mujeres desplazadas. Las coinvestigadoras escogieron el contenido de esos capítulos en talleres de escritura colaborativos en Colombia; por consiguiente, el conocimiento empírico que entrega este libro representa nuestros hallazgos colectivos, que se han difundido de acuerdo con aquello que estas mujeres consideran importante que otras personas aprendan a partir de nuestra investigación.

Explorar juntas, escribir juntas

Esto nos lleva a la pregunta: "¿También escriben con sus participantes?" Se nos ha preguntado esto muchas veces cuando presentamos los hallazgos de esta investigación, y es una pregunta justa e importante, que suele

formularse a quienes dicen que usan enfoques de coproducción e investigación participativa (véase más adelante). Por ello nuestro tercer objetivo,
si bien es ambicioso, responde esta pregunta. Aunque creemos que nuestro
documental coproducido tiene gran valor para nuestras coinvestigadoras,
consideramos importante mantener el espíritu de coproducción e incluir a
las coinvestigadoras, además de a los equipos de investigación de Colombia
y el Reino Unido, en el proceso de difusión de los hallazgos metodológicos
y empíricos que este libro presenta. Estamos conscientes de que un libro por
sí solo tal vez no sea la mejor opción, dado que hay técnicas participativas
de difusión que son más accesibles (por ejemplo, véase Evans 2017 sobre
la divulgación de investigaciones con personas jóvenes, mediante métodos
creativos y video). De hecho, también hemos usado otros métodos más
accesibles e interesantes en este proyecto. Sin embargo, tanto las participantes como los académicos suelen preferir los libros para la difusión de
conocimientos obtenidos en una investigación, ya que tienen un estatus
reconocido como producto y permiten la inclusión de reflexiones y guías
detalladas del tipo que ofrecemos aquí.

Normalmente, escribir a partir de una investigación es una actividad
universitaria, realizada exclusivamente por académicos. De hecho, escribir
es a menudo una práctica colonial de estudiosos del Norte global (Mott y
Cockayne 2017; Quijano 2000; Smith 2021), un medio para restar poder
y autorrepresentación a los participantes y aliados del Sur global, y los
hallazgos se interpretan y escriben sin que estos últimos participen en el
proceso (véase Connell 2014; Connell 2015). Nosotras creemos que hay
muchos modos eficaces de incluir a los coinvestigadores en el análisis y la
difusión de una investigación, sin necesidad de escribir un libro juntos. Sin
embargo, dado que este libro pretende ser accesible y llegar a un público
más amplio que el puramente académico, estamos promoviendo un poco
más la práctica participativa (véase también People's Knowledge Editorial
Collective 2016). Pese a esto, reconocemos que las estructuras académicas
siguen teniendo limitaciones que resultan difíciles de desafiar, y nuestros
esfuerzos no han sorteado del todo las políticas de la escritura académica.
En particular, debido a los compromisos de tiempo y recursos, las investigadores académicas del proyecto en el Reino Unido asumieron el papel
de autoras principales del libro. Sin embargo, el libro combina texto y
material audiovisual para incluir los aportes de todas las investigadoras,
incluidas aquellas que se sienten menos cómodas al expresarse por escrito,
y también para hacerlo más accesible para aquellos a quienes los productos
muy académicos resultan menos interesantes y útiles. Además, consideramos que la combinación de texto con material audiovisual en este libro
es fundamental, ya que la metodología del proyecto se basa en lo audiovisual
y en un documental de nuestra propia cocreación. Las coinvestigadoras y el
equipo de investigación colombiano, en particular, tienen grandes competencias y experiencia en expresión audiovisual creativa; por ende, esta es una
parte crucial de cómo se construye el libro.

Por lo tanto, algunos capítulos son dirigidos por el equipo del Reino Unido, y otros por las coinvestigadoras y el equipo de investigación colombiano. Por ejemplo, los capítulos empíricos fueron desarrollados en talleres presenciales entre las coinvestigadoras y el equipo de investigación, para coproducir un esquema detallado dirigido por las mujeres que guiara nuestra redacción de esos capítulos. Los borradores han sido revisados por las coinvestigadoras y discutidos en línea para recibir comentarios y opiniones. Los capítulos metodológicos han sido redactados de forma colaborativa entre los equipos de investigación del Reino Unido y de Colombia, dado que este último es experto en métodos audiovisuales desde una perspectiva académica. El capítulo 2 y la conclusión fueron dirigidos por académicas del Reino Unido, pero las investigadoras colombianas ofrecieron comentarios y opiniones valiosas. La empresa cinematográfica británica *Spectacle* también fue un apoyo en el proceso de creación y edición del material filmado del documental "Volviendo a vivir". Si bien ellos codesarrollaron el documental con nosotras, no participaron en la redacción de este libro; no obstante, sus valiosos aportes se destacan en algunos capítulos.

En el capítulo 5 —el primero de los tres capítulos empíricos— describimos el proceso de corredacción en más detalle, y en el capítulo 8 hacemos una reflexión crítica sobre la coautoría en la Investigación Acción Participante.

Posicionamiento de nuestro enfoque en la investigación

En los capítulos 3 y 4 se proporciona información más detallada sobre la metodología que utilizamos en este proyecto. En ellos, queremos presentar nuestro *enfoque* de investigación como un conjunto de principios y tradiciones de base filosófica y política que impulsan el diseño de nuestra investigación. Se trata de cuestiones ontológicas y epistemológicas (véase la tabla 1.1), lo que nos lleva a adoptar un enfoque de investigación feminista, decolonial y participativa. Se las puede considerar como los ejes que fundamentan y guían nuestras elecciones de herramientas, prácticas y procesos específicos que empleamos en terreno (es decir, los métodos y metodología). Como adoptamos una epistemología participativa para la coproducción, los métodos fueron, en parte, escogidos por las coinvestigadoras participantes.

Nuestro proyecto tiene dos aspectos importantes que queremos detallar en esta sección. Primero, nuestro proyecto de investigación es un ejemplo de **Investigación Acción Participante (IAP) coproducida**. Se trata de un enfoque metodológico cada vez más popular, tanto en las ciencias sociales académicas como en otras personas que están fuera de la academia (como profesionales, activistas, etc.) y que desean hacer una investigación con la plena participación de las comunidades involucradas. En otras palabras, las personas que suelen ser los "sujetos" de una investigación asumen las funciones de generar preguntas, diseñar la investigación y recabar y analizar datos junto a quienes tradicionalmente se consideran investigadores. Esto significa que la IAP coproducida que hemos desarrollado no es solo una metodología, sino

Tabla 1.1 Definición de nuestro enfoque de la investigación

"Capas" de los enfoques de investigación	*Definición*	*Lo que esto significa en nuestra investigación …*
Ontología	Una teoría o conjunto de creencias acerca de cómo es el mundo	El mundo es desigual, debido a la distribución desigual del poder. Esta realidad nos llevó a escoger algunas epistemologías específicas.
Epistemología	Una teoría o conjunto de creencias sobre el conocimiento	El principio de justicia del conocimiento; todas las personas deberían ser capaces de producir y beneficiarse del conocimiento. Nuestro enfoque de Investigación Acción Participante se basa en las teorías feminista y decolonial, que se apoyan en este principio.
Metodología	El modo en el que se realiza la investigación, a través de varias etapas metodológicas y de análisis	Una metodología audiovisual coproducida a distancia/híbrida. Esto se desarrolla a lo largo del proceso de trabajo conjunto durante varios meses, e incluye las diversas etapas descritas en el capítulo 4.
Método	Una técnica para recabar datos	En la investigación se utilizaron: método de discusión grupal, diagramación participativa, ilustración, fotografía participativa y filmación con teléfonos inteligentes, juego de roles y teatro, entrevistas, recorridos guiados, y narración de historias con animaciones.

que refleja una epistemología particular (nuestra convicción de que todos son capaces de producir conocimientos y deberían beneficiarse de ellos) y una ontología (atención explícita al hecho de que el mundo es desigual debido a una distribución desigual del poder).

En segundo lugar, nuestro proyecto constituye una colaboración entre países e instituciones del Norte global (Reino Unido) y el Sur global (Colombia), lo que incrementa el riesgo de reproducir las relaciones coloniales por medio de la investigación. Aunque desde luego no prometemos haber sorteado todos estos riesgos inherentes, diseñamos la investigación de principio a fin con el objetivo de inspirarnos en los principios de **la producción decolonial de conocimientos** y en los orígenes latinoamericanos de la Investigación Acción Participante (Smith 2021; Sultana 2019; Freire 1970; véase Fals-Borda 1987). Después de todo, sería una hipocresía intentar abordar cuestiones de poder y desigualdad entre las investigadoras y las participantes sin hacer el mismo esfuerzo respecto a las relaciones entre las investigadoras y las cineastas que se encuentran en contextos nacionales diferentes. A lo largo de este libro, damos una mirada crítica a estos esfuerzos, en lugar de imaginar o dar por sentado que nuestras prácticas sobre este asunto han sido siempre exitosas.

¿Qué es la coproducción, y qué es la Investigación Acción Participante?

La **coproducción** es ahora un término muy utilizado en relación con la investigación. En el siglo XXI, se ha popularizado en el norte Global como forma de involucrar investigadores asociados ajenos al mundo académico y, de este modo, potenciar los impactos sociales de la investigación. En palabras sencillas, significa hacer investigación —producir nuevos conocimientos— juntos, pero debemos estar conscientes de que "coproducción" es un término genérico muy amplio que abarca numerosas prácticas de investigación que en la práctica parecen bastante diferentes. Por ejemplo, hemos visto a investigadores afirmar que la coproducción consiste simplemente en utilizar métodos más atractivos (especialmente métodos creativos) con los participantes, o que aceptar financiamiento de socios empresariales significa que hay una coproducción de la investigación. Para nosotras, la coproducción implica un nivel mucho más profundo de colaboración; significa emprender la investigación en conjunto, más allá de las etapas de obtención de fondos o recopilación de datos. Eso no significa que todos quienes participan aportan al proceso de investigación la misma cantidad de tiempo y recursos; no obstante, cada aporte se valora de igual manera (Banks et al. 2018: 5). Si volvemos a mirar la tabla 1.1, podemos entender la coproducción como no solo una cuestión de métodos, sino como algo que también comprende una convicción epistemológica de que un esfuerzo compartido da lugar una mejor producción de conocimientos.

La **Investigación Acción Participante (IAP)** es un enfoque para abordar la coproducción (aunque antecede por mucho el uso del término "coproducción"). Es uno de los métodos de investigación de más rápido crecimiento en el mundo, no solo en el ámbito académico, sino también como un método popular para generar con las comunidades locales conocimiento compartido y lograr un cambio (Kindon, Pain, y Kesby 2025). La IAP propone una investigación que es participativa, o realizada en conjunto, y prioriza la acción como resultado clave. Comprende un proceso colaborativo de investigación, educación y acción orientado al cambio y la transformación social. Rechaza los métodos de investigación verticales y extractivos, y reconoce la existencia y el valor del conocimiento de personas a quienes a menudo, y de forma sistemática, se ha excluido, oprimido, y negado la inclusión en los procesos de producción de conocimientos (Autonomous Geographies Collective 2010; Mitlin et al. 2020). Por lo tanto, la IAP debería considerarse un método surgido de una epistemología específica (véase la tabla 1.1). Su creencia epistemológica central es que una forma más equitativa y justa de abordar la producción de conocimientos, tiene más probabilidades de dar lugar a una investigación válida y útil para aquellas comunidades que se ven más afectadas por las cuestiones que se están examinando. Por lo tanto, los modelos de investigación de la IAP se centran en el intercambio de conocimientos y su impacto, y los resultados de la investigación van más allá de las publicaciones académicas, y hacen hincapié en la acción dirigida a mejorar las vidas de quienes participan en la investigación y sus luchas (Lenette 2022; People's Knowledge Editorial Collective 2016). En términos epistemológicos, metodológicos y éticos, se basa en la participación directa, la concientización cíclica y relaciones de poder más equitativas que permiten poner en práctica procesos de toma de decisiones más democráticos (Cahill 2007; Kindon, Pain, and Kesby 2007a). Por consiguiente, la IAP reconoce y acepta la capacidad, el conocimiento y las habilidades que tienen las personas a quienes se "investiga" para participar plenamente en el proceso de investigación, desde el desarrollo de la pregunta de investigación, el diseño del modelo, la obtención y el análisis de datos, hasta la comunicación y difusión de los resultados de la investigación. La IAP busca empoderar a los participantes, y mejorar sus habilidades y capacidades para enfrentar y cambiar las estructuras y relaciones de poder injustas que existen (Kindon, Pain y Kesby 2025), lo que exige que nos sometamos a un examen crítico permanente. El proceso de investigación en sí suele ser un tanto confuso e impredecible en cuando a sus resultados; por lo tanto, el investigador debe ser flexible, seguir sus iteraciones orgánicas cíclicas (Cahill 2007; Pearce 2010), y desarrollar las relaciones de camaradería y confianza necesarias entre investigadores y participantes.

Reconocer los orígenes de la IAP es especialmente importante para un proyecto transnacional como el nuestro, que abarca el Norte global y el Sur global. La IAP es un método de investigación de larga data, desarrollado por primera vez en varios países durante los 60 y 70 en África, América Latina y el subcontinente indio (Glassman y Erdem 2014). Muchos autores la remontan a la práctica del educador popular brasileño Paulo Freire (1970), quien desarrolló una pedagogía crítica para trabajar con estudiantes analfabetos, para quienes la educación era esencial para luchar contra su condición marginal. El resultado fue un proceso de investigación comunitaria que respaldó la participación de las personas en la producción de conocimiento y la transformación social. Fundamentalmente, Freire planteó que el conocimiento no se transfiere de un grupo de expertos a un grupo desfavorecido, sino que se origina de todos los participantes de una investigación. Sus ideas, aunque no exentas de críticas, sirvieron de gran inspiración a otras personas de países del Sur global comprometidas a desafiar los legados de la colonización, las intervenciones para el desarrollo y la investigación positivista.

Otra figura clave en el desarrollo de la IAP fue Orlando Fals-Borda, un sociólogo rural que trabajó con campesinos y pescadores de la costa colombiana en los años 60 y desarrolló un nuevo enfoque para la investigación con la gente local, siendo así la primera persona en usar el término investigación-acción participativa. Planteó de forma explícita las injustas relaciones de poder presentes en los enfoques y métodos de investigación convencionales, y argumentó que la producción de un conocimiento liberador que inspira cambios revolucionarios solo es posible cuando quienes son "investigados" pasan a ser "investigadores". Fals-Borda (1987; 2006) considera que la IAP se basa en un grupo de actitudes y valores que constituyen, ante todo, una "filosofía de vida". Su propuesta pasó a tener una influencia mucho más amplia en Colombia y fuera de ella.

Desde entonces, la IAP ha desarrollado diversas vertientes e iteraciones (Glassman y Erdem 2014; Lenette 2022; Kindon, Pain y Kesby 2025). Sin embargo, resulta preocupante que con el paso de los años, dichas vertientes e iteraciones han incluido muchos usos que aprovechan este enfoque y sus prácticas para fomentar la "participación" solo de nombre, dejando intacta la producción desigual y desempoderadora de conocimientos (Mohan 1999; Tuck y Yang 2012). No obstante, también se la ha adaptado para ofrecer enfoques metodológicos que permiten llevar a cabo una investigación crítica basada en corrientes de pensamiento filosófico crítica, tales como teoría indígena, feminista, de justicia medioambiental y teoría crítica de la raza (véase Kindon, Pain y Keby 2025). En nuestro proyecto, que buscaba posibilitar el autoempoderamiento de las mujeres desplazadas como coinvestigadoras, el uso de la IAP se vio influido por enfoques feministas decoloniales e interseccionales. La IAP feminista (Brydon-Miller, Maguire y McIntyre 2004; Fine y Torre 2019; Maguire 1987) y la IAP decolonial (Lenette 2022; Tuck y Guishard 2013) ya están sólidamente consolidadas, y nos basamos en este trabajo para diseñar el proyecto de investigación que compartimos en este libro.

Consideramos que esto es especialmente relevante para la investigación sobre y durante situaciones de emergencia. Las coinvestigadoras de nuestro proyecto son un grupo de mujeres desplazadas que viven en comunidades precarias en Medellín y Bogotá. Las mujeres se encuentran entre los grupos de personas más afectadas por emergencias y catástrofes (Bradshaw 2015; Bradshaw y Fordham 2015), lo que no fue diferente durante la pandemia del COVID-19 (Kinyanjui 2020), especialmente para aquellas que viven en zonas de conflicto o posconflicto y/o son personas migrantes (Cintra, Grugel, y Riggirozzi 2020; Wenham, Smith y Morgan 2020). El prefijo "interseccional" de nuestro enfoque feminista representa y considera las numerosas diferencias de poder social, económico y político de las mujeres (véase Crenshaw 1991), no solo entre las mujeres desplazadas que son nuestras coinvestigadoras, sino también entre el resto del equipo de investigación.

Sin embargo, el mero hecho de que un proyecto se ponga en marcha con los objetivos de una práctica feminista decolonial e interseccional no es garantía de que no caerá en la trampa de la "falsa IAP"(Pratt 2007), que refleja la práctica investigadora habitual y contradice su promesa liberadora (People's Knowledge Editorial Collective 2016; Pratt 2007; Ritterbusch 2025). Para que los procesos y los resultados sean significativos, equitativos y profundamente comprometidos, es necesario ser cuidadosas y prestar atención detallada y constante a las prácticas éticas y políticas de la investigación. En nuestro caso específico, los fondos para el proyecto estaban en manos del equipo del Reino Unido, lo que generó varias inequidades estructurales. Aunque nos esforzamos por realizar una investigación justa a pesar de ello, inevitablemente influyó en nuestro proyecto.

¿Qué queremos decir con "producción decolonial de conocimientos"?

Como muestran estas historias y geografías propias de la IAP como enfoque de investigación (arriba), nuestra investigación es especialmente importante cuando se trata de cuestiones de colonialidad y su influencia en las relaciones de investigación. Posicionamos nuestro trabajo como decolonial en el sentido de que se basa en una tradición decolonial latinoamericana que trabaja para poner de relieve el papel actual de la colonialidad en el mundo contemporáneo (Hiraide 2021). Quijano (2007) observa el modo en que la colonialidad persiste en los marcos de poder y conocimiento contemporáneos. Las universidades y los conocimientos que estas producen y valoran son una parte intrínseca de esto, dada la presión por producir los resultados "correctos" en lugares evaluados mediante parámetros que refuerzan el poder académico de las instituciones anglófonas del Norte global. Este libro, como también la película que fue uno de los principales resultados de este proyecto de investigación, son un intento de reajustar el equilibrio al proporcionar a las coinvestigadoras un espacio donde cuentan sus historias en sus propios términos.

Nuestro compromiso con realizar una investigación decolonial incluye necesariamente un examen de nuestras prácticas de investigación. Hemos intentado evitar el extractivismo académico (Connell 2014; Connell 2015; Cruz y Luke 2020), que trata a la teoría como algo separado del método y ve al Sur global como un lugar donde obtener datos de investigación, pero no un lugar de teoría y práctica. Pese a esto, reconocemos las limitaciones impuestas por las mismas condiciones de nuestra colaboración de investigación, establecidas por una subvención del Consejo de Investigación Económica y Social (ESRC) del Reino Unido que tiene un plazo fijo y reglas específicas en lo referente a quiénes pueden contratarse como coinvestigadores y/o miembros del equipo de investigación. Las condiciones de nuestras alianzas con investigadoras académicas e instituciones de investigación colombianas, por ejemplo, han estado en parte predeterminadas por los tipos de contratos permitidos por el reglamento institucional. Exploramos estas tensiones en más detalle en otros capítulos.

Como investigadoras de IAP, nuestras metodologías están profundamente arraigadas en nuestro compromiso de desafiar las relaciones desiguales de poder. Para ello, hemos intentado adoptar la propuesta de Tuck (2009) de pasar de un marco de investigación de los daños a uno del deseo. Como dice Tuck, la investigación social a menudo ha dado por hecho que demostrar la privación de derechos de una comunidad generará por sí sola la generación de cambios, y que este beneficio supera los riesgos de presentar a la comunidad como una comunidad dañada. Al cambiar el enfoque a uno de deseo, encontramos un marco que no niega las experiencias de traumas y pérdidas, pero que tampoco las trata como algo definitivo o final. En su lugar, entregar el poder narrativo a las coinvestigadoras en el proceso de rodaje nos muestra cómo navegan todos los aspectos de sus vidas, plasman sus esperanzas, sueños y compromisos, y convierten sus experiencias pasadas en formas de activismo y transformación política.

¿A quiénes está dirigido este libro?

Este libro pretende ser una exposición polívoca de un proyecto transnacional de investigación de acción participativa que desarrolló una metodología de investigación a distancia e híbrida en respuesta a la pandemia del COVID-19. Además de constituir una guía para este tipo de investigación, en él se comparten los hallazgos sobre la vida en la ciudad de las mujeres desplazadas, la violencia que enfrentan, y el futuro que se esfuerzan por construir juntas. Por consiguiente, el público al que está dirigido es tan amplio como los objetivos del libro. Es una guía metodológica para académicos, profesionales, cineastas, ONG y cualquier persona que desea o necesita trabajar con enfoques participativos y/o métodos audiovisuales a distancia. Sin embargo, debido al material sustancial que incluye, también está dirigido a responsables de la elaboración de políticas, planificadores urbanos, responsables de la toma de decisiones y otras personas que pueden interesarse y valorar las perspectivas que ofrecen las historias de estas mujeres sobre su desplazamiento, los desafíos que enfrentan y los cambios a los que aspiran para el futuro.

Estructura del libro

Resumen general de los capítulos

En el capítulo 2 entregamos un breve resumen del conflicto colombiano y la historia de violencia en el país. Describimos cómo la violencia que enfrentan nuestras coinvestigadoras, al igual que muchas mujeres en situaciones de conflicto y emergencia, es de género y tiene muchas capas; sin embargo, el contexto específico de Colombia también es esencial para comprenderla. Resumimos el desarrollo del conflicto colombiano y cómo surgieron diferentes actores armados con el paso del tiempo, para explicar las experiencias particulares de las mujeres a lo largo de sus vidas. Nuestra investigación plantea que los efectos específicos de género de esta violencia requieren más atención, especialmente desde la perspectiva de aquellas mujeres que tienen experiencias pasadas y presentes de esto. Por lo tanto, este capítulo proporciona algunos antecedentes históricos y conceptuales importantes para la investigación que realizamos juntas.

El capítulo 3 proporciona información más detallada de la metodología del proyecto, incluida orientación dirigida a otros investigadores sobre cómo pueden adaptarla para sus propios proyectos. Aquí exponemos nuestro enfoque de investigación participativa feminista decolonial, y resumimos las partes más importantes del desarrollo de la metodología participativa a distancia e híbrida. Esto incluye cuestiones relacionadas con la integración de las participantes como coinvestigadoras a distancia, la formación e investigación en línea, y los desafíos de su facilitación en línea. El capítulo es una reflexión sobre las ventajas y los desafíos propios de un entorno a distancia y en línea en cuanto a la participación, el poder y su potencial para el futuro.

El capítulo 4 se centra en el uso del cine como método y herramienta para lograr una transformación. Se basa específicamente en la literatura latinoamericana, y la contrasta con las teorías occidentales que presentan el uso del cine como método en el ámbito académico y el trabajo comunitario. Ofrece un panorama general de cómo la filmación, específicamente el cine comunitario y la filmación participativa, puede utilizarse como una herramienta para la transformación y la construcción de la memoria en el contexto colombiano y cuando se trabaja con las víctimas del conflicto. Dirigido por nuestras coinvestigadoras y cineastas colombianas, en este capítulo se explica cómo y por qué hemos elegido el cine como nuestro método y resultado preferido para trabajar con mujeres afectadas por el conflicto y desplazadas. El enfoque en la transformación es clave en esto, donde el cine no se utiliza solo como método, sino que también sirve de apoyo a un proceso de cambio a través del despliegue de lo audiovisual. Por lo tanto, este capítulo ilustra la conexión del cine con el diseño del proyecto, y explica por qué el cine fue una elección metodológica especialmente adecuada e importante para las mujeres con las que trabajamos.

Los capítulos 5, 6 y 7 están dirigidos por nuestras coinvestigadoras y entregan hallazgos empíricos de nuestro estudio. En los talleres de escritura, ellas desarrollaron el contenido (textual y audiovisual) de estos capítulos que exploran los testimonios femeninos del trauma y la violencia, pero también hablan sobre su resistencia y activismo para reconstruir continuamente sus vidas en Bogotá y Medellín. En el capítulo 5, ofrecen testimonios de su desplazamiento. En el capítulo 6, reflexionan sobre cómo el desplazamiento y su traslado a nuevos entornos urbanos las hicieron enfrentar desafíos al llegar a la ciudad. Muchos de estos desafíos aún están presentes, dado que viven en áreas donde la mayor parte de la población tiene dificultades económicas y donde gran parte de ella es víctima del conflicto. Sin embargo, en el capítulo 7 las coinvestigadoras nos enseñan cómo combaten estos desafíos por medio de la resistencia, y también sobre sus aspiraciones para un futuro urbano mejor.

El libro termina con el capítulo 8, que reúne las reflexiones finales y sus puntos y aportes clave. Hace hincapié en los desafíos y las ventajas de la metodología, basado en los capítulos anteriores, y sugiere cómo diversos investigadores y profesionales podrían adoptarla en el futuro. Terminamos el libro con una reflexión sobre el proceso de escribir juntas.

La lista de reproducción completa de los video se encuentra aqui.

Véase aquí el video V1.1 Lista de reproducción – Investigando desplazamiento juntos

Referencias

Appiah, Kwame Anthony. 2021. 'A Tale of Two Pandemics: The True Cost of Covid in the Global South'. *The Guardian 23 November 2021*. https://www.theguardian.com/world/2021/nov/23/a-tale-of-two-pandemics-the-true-cost-of-covid-in-the-global-south.

Autonomous Geographies Collective. 2010. 'Beyond Scholar Activism: Making Strategic Interventions Inside and Outside the Neoliberal University The Autonomous Geographies Collective'. *ACME: An International Journal for Critical Geographies* 9 (2): 245–274.

Banks, Sarah, Angie Hart, Kate Pahl, and Paul Ward. 2018. 'Co-Producing Research: A Community Development Approach'. In *Co-Producing Research*. Policy Press.

Bradshaw, Sarah. 2015. 'Engendering Development and Disasters'. *Disasters* 39 (1): 54–75. doi:10.1111/disa.12111.

Bradshaw, Sarah, and Maureen Fordham. 2015. 'Chapter 14 - Double Disaster: Disaster through a Gender Lens'. In *Hazards, Risks and Disasters in Society*, edited by John F. Shroder, Andrew E. Collins, Samantha Jones, Bernard Manyena, and Janaka Jayawickrama, 233–251. Boston: Academic Press. doi:10.1016/B978-0-12-396451-9.00014-7.

Brydon-Miller, Mary, Patricia Maguire, and Alice McIntyre. 2004. *Traveling Companions: Feminism, Teaching, and Action Research*. Greenwood Publishing Group.

Cahill, Caitlin. 2007. 'The Personal Is Political: Developing New Subjectivities through Participatory Action Research'. *Gender, Place & Culture* 14 (3): 267–292. doi:10.1080/09663690701324904.

Cintra, Natalie, Jean Grugel, and Pia Riggirozzi. 2020. 'Displaced Women and Girls in Latin America Threatened by COVID-19'. *OpenDemocracy*. https://www.opendemocracy.net/en/democraciaabierta/displaced-women-and-girls-latin-america-threatened-covid-19/.

Connell, Raewyn. 2014. 'Using Southern Theory: Decolonizing Social Thought in Theory, Research and Application'. *Planning Theory* 13 (2): 210–223. doi:10.1177/1473095213499216.

Connell, Raewyn. 2015. 'Meeting at the Edge of Fear: Theory on a World Scale'. *Feminist Theory* 16 (1). SAGE Publications: 49–66. doi:10.1177/1464700114562531.

Crenshaw, Kimberle. 1991. 'Mapping the Margins: Intersectionality, Identity Politics, and Violence against Women of Color'. *Stanford Law Review*, 0–54.

Cruz, Melany, and Darcy Luke. 2020. 'Methodology and Academic Extractivism: The Neo-Colonialism of the British University'. *Third World Thematics: A TWQ Journal* 5 (1–2): 154–170.

Ensler, Eve V. 2021. 'Disaster Patriarchy: How the Pandemic Has Unleashed a War on Women'. *The Guardian 1 June 2021*. https://www.theguardian.com/lifeandstyle/2021/jun/01/disaster-patriarchy-how-the-pandemic-has-unleashed-a-war-on-women.

Evans, Ruth. 2017. 'Critical Reflections on Participatory Dissemination: Coproducing Research Messages with Young People'. In *Methodological Approaches*, edited by Ruth Evans, Louise Holt, and Tracey Skelton, 67–96. Singapore: Springer Singapore. doi:10.1007/978-981-287-020-9_27.

Fals-Borda, Orlando. 1987. 'The Application of Participatory Action-Research in Latin America'. *International Sociology* 2 (4): 329–347. doi:10.1177/026858098700200401.

Fals-Borda, Orlando, Peter Reason, and Hillary Bradbury. 2006. 'Participatory (Action) Research in Social Theory: Origins and Challenges'. In *Handbook of Action Research: Participative Inquiry and Practice*, 27–37.

Fine, Michelle, and María Elena Torre. 2019. 'Critical Participatory Action Research: A Feminist Project for Validity and Solidarity'. *Psychology of Women Quarterly* 43 (4): 433–444. doi:10.1177/0361684319865255.

Freire, Paulo. 1970. *Pedagogy of the Oppressed*. New York: Continuum.

Glassman, Michael, and Gizem Erdem. 2014. 'Participatory Action Research and Its Meanings: Vivencia, Praxis, Conscientization'. *Adult Education Quarterly* 64 (3). SAGE Publications Sage CA: Los Angeles, CA: 206–221.

Hiraide, Lydia Ayame. 2021. 'Postcolonial, Decolonial, Anti-Colonial: Does It Matter?' *New Voices in Postcolonial Studies*, no. 6. New Voices Network: 10–15.

Horn, Philipp, and Olivia Casagrande. 2023. 'Achieving Co-Presence When Together and Apart: Hybrid Engagements and Multi-Modal Collaborative Research with Urban Indigenous Youth'. *Qualitative Research*, May, 0. doi:10.1177/14687941231176942.

Howlett, Marnie. 2021. 'Looking at the "Field" through a Zoom Lens: Methodological Reflections on Conducting Online Research during a Global Pandemic'. *Qualitative Research* 1 (16). https://journals.sagepub.com/doi/abs/10.1177/1468794120985691.

Kindon, Sara, Rachel Pain, and Mike Kesby, eds. 2007a. *Participatory Action Research Approaches and Methods: Connecting People, Participation and Place*. Abingdon: Routledge.

Kindon, Sara, Rachel Pain, and Mike Kesby. 2007b. 'Participatory Action Research: Origins, Approaches and Methods'. In *Participatory Action Research Approaches and Methods: Connecting People, Participation and Place*, edited by Sara Kindon, Rachel Pain, and Mike Kesby, 9–18. Abingdon: Routledge.

Kindon, Sara, Rachel Pain, and Mike Kesby. 2025. 'Critically Engaging Participatory Action Research'. In *Critically Engaging Participatory Action Research*, 1–29. Routledge.

Kinyanjui, Njoki. 2020. 'COVID-19: A Double Burden for Women in Conflict Settings'. *The LSE Women, Peace and Security Blog*. https://blogs.lse.ac.uk/wps/about/.

Lenette, Caroline. 2022. *Participatory Action Research: Ethics and Decolonization*. Oxford University Press.

Lomax, Helen, Kate Smith, and Barry Percy-Smith. 2022. 'Rethinking Visual Arts–Based Methods of Knowledge Generation and Exchange in and beyond the Pandemic'. *Sociological Research Online* 27 (3). SAGE Publications Ltd: 541–549. doi:10.1177/13607804221098757.

Lupton, Deborah. 2020. 'Doing Fieldwork in a Pandemic'. https://docs.google.com/document/d/1clGjGABB2h2qbduTgfqribHmog9B6P0NvMgVuiHZCl8/edit#heading=h.ze8ug1cqk5lo.

Maguire, Patricia. 1987. *Doing Participatory Research: A Feminist Approach*. Amherst: The Centre for International Education, University of Massachusetts.

Marzi, Sonja. 2020. 'Conducting Transnational Participatory Research with Women during Covid-19 Remotely: An Impossibility?' *International Development*. https://blogs.lse.ac.uk/internationaldevelopment/2020/05/22/conducting-transnational-participatory-research-with-women-during-covid-19-remotely-an-impossibility/.

Marzi, Sonja. 2023a. 'Participatory Video from a Distance: Co-Producing Knowledge during the COVID-19 Pandemic Using Smartphones'. *Qualitative Research* 23 (3). doi:10.1177/14687941211038171.

Marzi, Sonja. 2023b. 'Co-Producing Impact-in-Process with Participatory Audio-Visual Research'. *Area*, no. 55: 295–302. doi:10.1111/area.12851.

Marzi, Sonja, and Rachel Pain. 2024. '"Volviendo a Vivir" (Coming Back to Life): Urban Trauma, Activism and Building Emancipatory Futures'. *Urban Studies*, 00420980231213730. doi:10.1177/00420980231213730.

Mitlin, Diana, Jhono Bennett, Philipp Horn, Sophie King, Jack Makau, and George Masimba Nyama. 2020. 'Knowledge Matters: The Potential Contribution of the Coproduction of Research'. *The European Journal of Development Research* 32 (3): 544–559. doi:10.1057/s41287-020-00277-w.

Mohan, Giles. 1999. 'Not so Distant, Not so Strange: The Personal and the Political in Participatory Research'. *Ethics Place and Environment 2* 1: 41–54.

Mott, Carrie, and Daniel Cockayne. 2017. 'Citation Matters: Mobilizing the Politics of Citation toward a Practice of "Conscientious Engagement"'. *Gender, Place & Culture* 24 (7). Routledge: 954–973. doi:10.1080/0966369X.2017.1339022.

Pain, Rachel, Mike Kesby, and Kye Askins. 2011. 'Geographies of Impact: Power, Participation and Potential'. *Area* 43 (2): 183–188. doi:10.1111/j.1475-4762.2010.00978.x.

Pearce, Jenny. 2010. 'Co-Producing Knowledge Critical Reflections on Researching Participation'. In *Participation and Democracy in the Twenty-First Century City. Non-Governmental Public Action*, edited by Jenny Pearce. London: Palgrave Macmillan.

People's Knowledge Editorial Collective. 2016. *People's Knowledge and Participatory Action Research: Escaping the White-Walled Labyrinth*. Rugby: Practical Action Publishing Ltd. https://doi.org/10.3362/9781780449395.

Pratt, Geraldine. 2007. 'Working with Migrant Communities: Collaborating with the Kalayaan Centre in Vancouver, Canada'. In *In: Kindon, S., Pain, R. and Kesby, M. (Eds.) Participatory Action Research Approaches and Methods: Connecting People, Participation and Place. London: Routledge.*

Quijano, Aníbal. 2000. 'Coloniality of Power and Eurocentrism in Latin America'. *International Sociology* 15 (2). SAGE Publications Ltd: 215–232. doi:10.1177/0268580900015002005.

Quijano, Aníbal. 2007. 'Coloniality and Modernity/Rationality'. *Cultural Studies* 21 (2–3). Taylor & Francis: 168–178.

Ritterbusch, Amy E. 2025. 'Movement Memories in the Afterlife of Participatory Action Research (PAR): Dreaming and Forgiveness Beyond the Non-Profit Industrial Complex (NPIC)'. In *In: Kindon, S., Pain, R. and Kesby, M. (Eds.) Critically Engaging Participatory Action Research*. Routledge.

Smith, Linda Tuhiwai. 2021. *Decolonizing Methodologies: Research and Indigenous Peoples*. Bloomsbury Publishing.

Sultana, Farhana. 2019. 'Decolonizing Development Education and the Pursuit of Social Justice'. *Human Geography* 12 (3). SAGE Publications: 31–46. doi:10.1177/194277861901200305.

Tuck, Eve. 2009. 'Suspending Damage: A Letter to Communities'. *Harvard Educational Review* 79 (3). Harvard Education Publishing Group: 409–428.

Tuck, Eve, and Monique Guishard. 2013. 'Uncollapsing Ethics: Racialized Sciencism, Settler Coloniality, and an Ethical Framework of Decolonial Participatory Action Research'. In *In Kress, T. M., Malott, C., Porfilio, B. J. (Eds.) Challenging Status Quo Retrenchment: New Directions in Critical Qualitative Research*, 3:27. Information Age Publishing Charlotte, NC.

Tuck, Eve, and K Wayne Yang. 2012. 'Decolonization Is Not a Metaphor'. *Decolonization: Indigeneity, Education & Society* 1 (1).

Wenham, Clare, Julia Smith, and Rosemary Morgan. 2020. 'COVID-19: The Gendered Impacts of the Outbreak'. *The Lancet* 395 (10227): 846–848. doi:10.1016/S0140-6736(20)30526-2.

CAPÍTULO 2

Colombia, violencia y las víctimas del conflicto

Sonja Marzi, Rachel Pain and María Fernanda Carrillo Sánchez

Antes de proceder a describir en detalle el modo en que abordamos el estudio desde el punto de vista metodológico, para después compartir las historias y experiencias recopiladas por nuestras coinvestigadoras, es importante comprender el particular contexto político, social y geográfico del conflicto y el desplazamiento en Colombia. Primero, ofrecemos una breve historia del conflicto que vive el país desde que logró su independencia en el siglo XIX y las recientes esperanzas de avances hacia la paz. A continuación, exponemos la complejidad de la violencia que se vive en el país, descrita por nuestras coinvestigadoras, y nos enfocamos en sus experiencias de violencia de género, que son múltiples y tienen una variedad de aristas. Identificamos el papel que juega el trauma para mantener vivas estas experiencias, y también hacemos hincapié en la resistencia y el activismo de las mujeres para lograr un mejor futuro.

La historia del conflicto en Colombia desde su independencia

Colombia es un país de América del Sur que, desafortunadamente, es muy conocido por su violencia, su historial de tráfico de drogas, y su elevada tasa de desplazamiento interno. La historia de violencia del país data de tiempos remotos, desde la era de la colonización, seguida por varias guerras civiles posteriores a su independencia en 1810, causadas por el enfrentamiento dentro del sistema político bipartidista. La violencia continuó con la guerra civil conocida como "Guerra de los Mil Días", que comenzó en 1899 y finalizó en 1902, y después durante los años 40. Para entonces, los campesinos liberales estaban descontentos con los terratenientes conservadores de la élite, que ostentaban todos, los derechos sobre las tierras: como campesinos, no podrían adquirir títulos ni derechos de propiedad, lo que generó una serie de enfrentamientos (Sierra 2021; Steele 2017). Mientras tanto, el Estado protegía los intereses de la poderosa élite terrateniente (Sierra 2021; Steele 2017: 63). En 1944, impulsado por el deseo de cambiar este sistema político y económico, el candidato liberal a la presidencia Jorge Eliécer Gaitán hizo campaña por una distribución económica y participación política más justas (Steele 2017: 63), lo que ofreció a los campesinos la esperanza de tener derechos políticos y acceder a mejores tierras. Sin embargo, Gaitán fue asesinado el 9 de abril de 1948, desencadenando así una guerra civil conocida como "La Violencia", que duró hasta 1958 (Burnyeat 2018; Livingstone 2003; Sierra 2021; Steele 2017).

Los efectos de "La Violencia" y la historia del desplazamiento en el país están estrechamente relacionados. Como implica su nombre, "La Violencia" fue especialmente sangrienta y espantosa (Livingstone 2003), y algunas de las coinvestigadoras rememoran en este libro historias brutales de sus padres y abuelos que se vieron afectados por ella. Se estima que más de dos millones de personas huyeron de la violencia en el transcurso de esta guerra (para más detalles sobre 'La Violencia', véase Marín 2012; Sierra 2021; Guzmán, Fals Borda y Umaña, 2019; Steele 2017). Como destaca Steele (2017: 69), el desplazamiento producto de "La Violencia" transformó al país y sus ciudades, ya que marcó el inicio de una urbanización acelerada. Bogotá y Medellín, las dos ciudades en las que se basó nuestra investigación, son dos de las principales ciudades de acogida urbana de personas desplazadas en el país. Por consiguiente, las historias de desplazamiento de nuestras coinvestigadoras (y de muchas otras familias colombianas) no se limitan a aquellas vividas de forma directa al verse forzadas a abandonar sus hogares debido a conflicto actual en Colombia. Algunas de las mujeres ya habían vivido desplazamiento indirecto debido al anterior desplazamiento forzoso de sus familias, en la época de "La Violencia". Esto es importante para comprender cuán profundo es el trauma de la violencia y el desplazamiento en Colombia y en las vidas de nuestras coinvestigadoras.

El año 1958 marcó el fin de "La Violencia", con un pacto de poder compartido entre las élites políticas denominado "Frente Nacional", que se prolongó hasta 1974. Durante este período, los Gobiernos Liberal y Conservador se turnaron cada cuatro años, de forma sucesiva (Burnyeat 2018: 6). Sin embargo, la violencia persistió a lo largo de estos años, dado que las reformas no se realizaron con los servicios y presencia estatales necesarios en las áreas rurales y periféricas. Además, el sistema político bipartidista no permitió una participación significativa de ningún otro partido; especialmente, del Partido Comunista Colombiano (PCC), que había estado activo e intentaba adquirir más relevancia política. Esta situación política, así como la violencia continua de parte de la milicia estatal en las regiones autónomas dirigidas por comunistas, alimentó cada vez más la resistencia de los campesinos y sus organismos de resistencia durante y después de "La Violencia", y finalmente condujo a una insurgencia contra el sistema político dominante en 1964 (Burnyeat 2018; Sierra 2021; Steele 2017). Un ejemplo destacable de aquellas insurgencias en esta época fue el grupo guerrillero de izquierda llamado Fuerzas Armadas Revolucionarias de Colombia (FARC), que tenía sus raíces en estos grupos de autodefensa campesinos (Burnyeat 2018; Steele 2017) (el Ejército de Liberación Nacional [ELN] fue el segundo grupo más numeroso, formado en el mismo período).

La formación de las FARC fue consecuencia del ataque militar estatal de 1964 a Marquetalia, en el Sur de Tolima, que en esa época era una de las zonas autónomas del país y estaba liderada por el cofundador de las FARC Manuel Marulanda (Karl 2017; Palacios 2006; Sierra 2021; Steele 2017). Las FARC adoptaron oficialmente ese nombre en 1966 (Steele 2017: 76). Poco después de su formación oficial, se volvieron más sofisticadas en cuanto a ocupación de territorios y generación de ingresos. En los años 80, la mayoría de sus actividades se financiaba a través del secuestro, la extorsión (llamada "vacuna", a cambio de seguridad), actividades de tráfico de drogas y el "impuesto" al comercio de cocaína (Livingstone 2003; Sierra 2021). Entre 1964 y 1984, influenciados por la revolución cubana y otros acontecimientos comunistas en todo el mundo, surgieron otros grupos guerrilleros de izquierda que tenían objetivos similares: transformar el Estado y el traspaso de poder, especialmente en cuanto a los derechos a la tierra y al territorio (Burnyeat 2018: 7; Sierra 2021; Steele 2017). Entre los nuevos grupos guerrilleros, se creó el segundo más grande, el Ejército de Liberación Nacional (ELN), que sigue activo hoy en día y está actualmente en negociaciones de paz con el Gobierno de Colombia, bajo la presidencia de Petro en el momento en el que se escribe este libro. Otros grupos insurgentes que surgieron en esos años incluyen el Ejército Popular de Liberación (EPL), el Movimiento 19 de Abril (M-19) y la guerrilla indígena Quintín Lame, todos los cuales fueron desmovilizados entre 1989 y 1991. Mientras otros grupos guerrilleros estaban activos también en zonas urbanas, las FARC estuvieron activas principalmente en zonas rurales del Noroeste, Suroeste, Sur y Este de Colombia, y para la década de 1990 se habían expandido por la mitad del territorio del país (Sierra 2021; Steele 2017).

En la década de 1980, surgieron grupos paramilitares. Una perspectiva académica los define como grupos de derecha en respuesta a las actividades y ataques de las guerrillas de izquierda, otra los caracteriza como "una modalidad preventiva de violencia oficial y paraoficial para contener la izquierda legal y el auge de la movilización social (Medina, 1990; Uprimny y Vargas, 1990; Palacios y Rojas, 1990; Medina y Téllez, 1994)" (CNMH, 2018:28). La primera, plantea como en todo el país, la amenaza constante de la guerrilla y sus tácticas extremas de extorsión y cobro de impuestos había enfurecido cada vez más a los propietarios de tierras y narcotraficantes. Sumado a esto, la guerrilla comenzó a amenazar directamente a los narcotraficantes, incluso intentando trasladar el poder en el negocio de la droga mediante la eliminación de los intermediarios, como en el caso del cartel de Medellín dirigido por Pablo Escobar (Sierra 2021). En consecuencia, algunos narcotraficantes crearon grupos paramilitares para defenderse de las insurgencias de izquierda (Burnyeat 2018; Livingstone 2003; Steele 2017). Por consiguiente, entiende que si bien los grupos paramilitares surgieron a partir de grupos aislados de autodefensa rural, a menudo financiados por terratenientes y políticos, para la década de 1990 se convirtieron en contrainsurgencias poderosas en todo el país. La segunda perspectiva discute sobre el papel del Estado. Por un lado, identifica los orígenes del paramilitarismo desde el Decreto 3398 de 1966 y los escuadrones de la muerte (Zelik, 2015), que se desarrolla desde el estamento militar, el poder político y judicial promoviendo la represión generalizada para acabar con las guerrillas y sus expresiones sociales. Es decir, se comprende el paramilitarismo como parte de una política de terrorismo de Estado, confluyendo con los intereses de las élites y los narcotraficantes en la década de los 80 (CNMH, 2018:29–30).

Pronto los grupos paramilitares de todo el país cometieron asesinatos y masacres de forma sistemática que aterrorizaron violentamente a la población civil, y utilizaron tácticas de extorsión y cobro de impuestos "de seguridad" con fines propios. En la década de 1980, asesinaron sistemáticamente a miembros de la Unión Patriótica (UP) (Burnyeat 2018: 7; Livingstone 2003), un partido político creado inicialmente por las FARC y el PCC que pronto se independizó de estos y comenzó a promover un proyecto político alternativo de izquierda. Dichos asesinatos contribuyeron al fracaso de los diálogos de paz entre las FARC y el Gobierno del presidente Barco (1986–1990) (Burnyeat 2018; Steele 2017). En sentencia del 2022 sobre el caso *Integrantes y Militantes de la Unión Patriótica Vs. Colombia*, la Corte Interamericana de Derechos Humanos (CIDH) declaró que el Estado de Colombia es responsable por las violaciones de derechos humanos cometidas en perjuicio de más de seis mil víctimas integrantes y militantes del partido político Unión Patriótica ("UP") a partir de 1984 y por más de veinte años" (CIDH, 2022)

Sin embargo, estas atrocidades y actividades criminales no debilitaron el poder de los grupos paramilitares durante mucho tiempo. Aunque se los ilegalizó brevemente durante la presidencia de Barco (1986–1990), estos grupos prosperaron durante el gobierno de Gaviria (1900–1994), quien legalizó nuevamente la creación de grupos de autodefensa (también denominados "Convivir" bajo el siguiente gobierno, de Samper) (Steele 2017: 101). Poco tiempo después, hacia finales de los 90, grupos paramilitares de diferentes regiones del país se fusionaron para crear una federación llamada "Autodefensas Unidas de Colombia" (AUC), la que se convirtió en el grupo paramilitar más poderoso del país, con vínculos con el Estado colombiano y sus fuerzas armadas (Livingstone 2003; Sierra 2021; Steele 2017). En consecuencia, la toma de tierras y los desplazamientos forzados asociados en las zonas rurales del país aumentaron nuevamente (Ibáñez Londoño 2008). Al mismo tiempo, el apoyo a los paramilitares por parte de actores como los carteles de la droga de Medellín y Cali, y sus relaciones indirectas con las élites militares y terratenientes, contribuyeron significativamente al aumento del conflicto y la violencia. Por ejemplo, hasta su propia muerte en 1993, Pablo escobar libró su propia guerra contra el Estado, en la que asesinó a periodistas, jueces, testigos y políticos (Burnyeat 2018: 8) y generó períodos de intensa violencia. Si bien el narcotráfico no es la causa del conflicto colombiano, definitivamente contribuyó a la violencia continua y a su permanencia (Burnyeat 2018; Livingstone 2003).

La violencia paramilitar alcanzó su punto álgido bajo la presidencia de Álvaro Uribe (2002-2010) (Burnyeat 2018). Para entonces, varios intentos de paz entre el Gobierno y grupos armados de izquierda habían fracasado, el último de ellos bajo la presidencia de Pastrana (1998–2002). Uribe, por el contrario, prometió una política de línea dura bajo el concepto de "seguridad nacional" y "mano dura frente las guerrillas y negociar solo desde una posición de fuerza" a una población colombiana agotada por la violencia (Livingstone 2003: 93), con apoyo de la ayuda (militar) exterior de Estados Unidos denominada Plan Colombia, dirigida a combatir los carteles de la droga (Comisión de la verdad 2022). En un intento de hacer retroceder a las guerrillas de izquierda en el país, el gobierno de Uribe aumentó las fuerzas policiales y militares, y ha sido muy criticado por utilizar a los paramilitares como una extensión de las fuerzas del Estado y como aliados políticos (Burnyeat 2018; Steele 2017). Su presidencia y su Gobierno están acusados de varias violaciones de los derechos humanos; entre ellas, el escándalo de "falsos positivos", en el que miles de hombres jóvenes civiles fueron asesinados, en su mayoría por el ejército estatal, y luego contados como guerrilleros muertos para inflar el recuento de cadáveres de la guerrilla (Sierra 2021; Steele 2017: 106). Finalmente, entre 2003 y 2006, como parte del objetivo de Uribe de derrotar y desarmar a los grupos armados en Colombia, el Gobierno de Uribe negoció la desmovilización de las AUC. El éxito de esta desmovilización ha sido bastante limitado, y varios grupos paramilitares siguen existiendo o se han reformado (Burnyeat 2018; Steele 2017). Uribe sigue recibiendo acusaciones sobre vínculos con grupos paramilitares. Las estructuras paramilitares actuales son algo complejo, con el surgimiento de nuevos grupos como "Las Águilas Negras" o "Las Autodefensas Gaitanistas de Colombia" (AGC). Sus conexiones con el ejército no son tan fuertes como en la época de Uribe, pero los paramilitares no han desaparecido; en muchas zonas siguen siendo grupos poderosos que están entrelazados con la política local. Nuestras coinvestigadoras no hablan sobre grupos específicos. *Si es que* nombran a un grupo (lo que hacen rara vez), normalmente dicen "grupos paramilitares", "grupos de guerrillas" o, simplemente, "grupos armados". Sin embargo, la mayoría de las veces hablan sobre "él" y "ellos", ya que nombrar a cualquier grupo aún se considera peligroso (Marzi y Pain 2024).

¿Esperanzas de paz?

En 2010 Juan Manuel Santos, el exministro de Defensa de Uribe, ganó la elección presidencial. Aunque recibió el apoyo de Uribe, Santos se distanció considerablemente de su política de línea dura. A diferencia de Uribe, Santos reconoció la existencia de un conflicto armado interno y a las FARC como actor político, en lugar de calificarlas como "amenaza terrorista". Esta fue una distinción importante para posibilitar las negociaciones de paz con el grupo armado (Burnyeat 2018: 11), a las que Santos dio inicio poco después de ser elegido, primero de forma confidencial y luego, a partir de 2012, de manera pública (Lederach 2023; Steele 2017). En 2011, Santos también promulgó la Ley 1448, de Víctimas y Restitución de Tierras, conocida como la "ley de víctimas" (Lederach 2023; Steele 2017; Zulver 2022). Esta ley reconoció a las víctimas del conflicto armado con el fin de ofrecerles reparaciones (Burnyeat 2018; Weber 2020). En agosto de 2023 se registran más de 9,5 millones de víctimas del conflicto armado (Unidad de Víctimas 2023), lo que equivale a más del 18 % de la población de Colombia. Como resume Burnyeat (2018: 10), el Centro Nacional de Memoria Histórica informó de "más de 220.000 muertes vinculadas a conflictos entre 1958 y 2002, el 80 % de las cuales fueron víctimas civiles; además de cientos de miles de personas víctimas de masacres, asesinatos, desapariciones forzadas, desplazamientos forzados, secuestros, reclutamientos forzados, tortura, minas y violencia sexual" (Burnyeat 2018: 10); números que desde entonces han seguido creciendo (véase también Comisión de la Verdad, 2022).

En 2014, Santos fue reelecto y las negociaciones de paz entre el Gobierno y las FARC prosiguieron (entre 2012 y 2016). El 26 de septiembre de 2016, el presidente Santos y las FARC firmaron un acuerdo de paz histórico en Cartagena, Colombia. El acuerdo de paz colombiano de 2016 es elogiado como uno de los más inclusivos, dado que incluye los testimonios y las voces de las víctimas del conflicto en su metodología. Poco después de su firma, la comunidad internacional aprobó el proceso de paz de Santos y le otorgó el Premio Nobel de la Paz en 2016 (Burnyeat 2018: 11). Sin embargo, menos de dos semanas después de la firma del acuerdo en Cartagena, la mayoría de la población colombiana, sobre todo de las zonas urbanas, rechazó el acuerdo de paz en un referéndum en el que el "no" ganó por un estrecho margen y que estuvo muy influido por una campaña dirigida por el expresidente Uribe y su partido. Tras escuchar las exigencias de los partidarios del "no" y renegociar con las FARC, el 24 de noviembre de 2016 se firmó el acuerdo de paz definitivo que puso fin oficialmente al conflicto armado con la guerrilla, que había durado más de 50 años (Burnyeat 2018; Lederach 2023; Steele 2017).

Sin embargo, los acuerdos de paz se han negociado con los grupos guerrilleros, las FARC y el M19, pero no con el ELN, y su implementación no ha sido la esperada inicialmente. En 2018, Iván Duque (el candidato presidencial del partido político uribista, Centro Democrático) fue electo presidente. Con el respaldo de Uribe, Duque reanudó un enfoque derechista de la política nacional, la negación del conflicto armado, y el rechazo a los espacios de diálogo entre los actores armados y el Gobierno (Sierra 2021). La política de Duque es similar a la de Uribe, centrada en la seguridad nacional y en una retórica de lucha contra el terrorismo y la delincuencia, en lugar de trabajar por un cambio transformador (Vélez-Torres *et al.* 2021). Tras la elección de Duque, la implementación del acuerdo de paz ha sido lenta, y los líderes y activistas sociales han sido cada vez más objeto de ataques y asesinatos; al mismo tiempo, ha habido un (re)surgimiento y alza de poder de varios actores armados (por ejemplo, el Clan del Golfo, entre otros) (Lederach 2023; Rodríguez Castro 2021a; Sierra 2021).

En 2022, la elección del candidato presidencial de izquierdas Gustavo Petro dio nuevas esperanzas de poner fin al conflicto y de mejorar las condiciones de vida de las personas empobrecidas. La pandemia del COVID-19 ha provocado un aumento de las dificultades económicas de la población pobre del país y, tras el paro nacional realizado en protesta contra las reformas tributarias y de salud propuestas por Duque, se han depositado grandes esperanzas de cambio en Petro y en su compañera de campaña y vicepresidenta, la activista afrocolombiana Francia Márquez. No obstante, aún queda por ver la manera en que se desarrollarán el conflicto, la violencia y la implementación del proceso de paz durante el gobierno de Petro. Transcurrido un año de su mandato, los primeros signos sugieren que erradicar la violencia en el país continúa siendo una tarea difícil. En 2022 fueron asesinados más de 180 líderes sociales y defensores de los derechos humanos, y más de 100 lo fueron en 2023 (Indepaz 2023). En la actualidad, hay más de 9,5 millones de personas registradas como víctimas oficiales del conflicto colombiano, de las cuales más de 4,7 millones son mujeres. Además, se estima que más de siete millones de personas han sufrido desplazamiento forzoso a raíz del conflicto interno (López 2019; Unidad de Víctimas 2023). La mayoría de estas personas (alrededor del 89 %) se han visto obligadas a migrar de zonas rurales a zonas urbanas (IDMC 2020); sin embargo, el desplazamiento intraurbano provocado por la violencia y los grupos armados continúa en aumento (El Tiempo 2022; Jenss 2020). Las coinvestigadoras de este estudio, la mayoría de las cuales son mujeres que han sufrido desplazamiento, residen actualmente en Bogotá o Medellín, la capital y la segunda ciudad más grande de Colombia. Estas dos ciudades acogen a un gran número de personas desplazadas (Arango-Vargas 2021; Marzi 2023a).

El conflicto en Colombia, la violencia y el trauma

El presente resumen de los acontecimientos políticos e históricos que condujeron al conflicto armado interno de Colombia ofrece un breve contexto de las políticas y motivaciones de los diversos grupos que perpetran violencia en el país, sin pretender ser exhaustivo. No obstante, aunque el origen del conflicto entre las guerrillas de izquierda, las élites terratenientes y el Estado se fundamentó en motivaciones políticas, con las guerrillas buscando inicialmente establecer una mayor justicia económica, política y social para los campesinos, dichas motivaciones experimentaron una transformación y pasaron a centrarse en la obtención de beneficios económicos y poder, en lugar de en los ideales políticos (Sierra 2021). Aún más importante, las perspectivas de las personas desplazadas y que han sufrido la violencia y el conflicto, incluidas nuestras coinvestigadoras, muestran la difícil situación de los civiles que se ven atrapados de manera involuntaria en medio del conflicto y entre los diferentes grupos armados. En el transcurso de los talleres y las entrevistas, las coinvestigadoras dijeron que no querían participar en el conflicto. Consideraban que su vida era buena cuando vivían en zonas rurales del país, y estaban contentas a pesar de la pobreza, hasta que los grupos armados llegaron y las forzaron a huir de sus hogares (talleres de Bogotá y Medellín, 2021 y 2022; entrevistas sobre historias de vida 2021, 2022). Es importante anotar que, no todas las mujeres fueron desplazadas debido a amenazas directas por parte de grupos armados. Algunas fueron motivadas por dificultades económicas y la búsqueda de mejores oportunidades, lo que, sin embargo, también se relaciona con el conflicto, ya que este cambió o agudizó la situación económica y política en las zonas rurales.

Es llamativo que, en sus testimonios, digan que "ellos" llegan a su pueblo, que "ellos" provocan confrontaciones y violencia, llegando incluso a asesinar a personas por sospechar que colaboran con otros grupos armados. Ninguna de nuestras coinvestigadoras se identifica con ninguna de las motivaciones de los grupos armados. De hecho, a menudo ni siquiera comprendían cómo se desarrolló el conflicto ni el porqué de su persistencia en sus regiones, más allá de las actividades para generar ingresos y la disputa territorial. Sus testimonios y narraciones ofrecen una visión de cómo el conflicto se desvió de los ideales de alcanzar una sociedad diferente, más justa y con una distribución más equitativa del territorio y de la tierra. Para nuestras coinvestigadoras, no hay razones que justifiquen la violencia que presenciaron y vivieron. Ninguna razón habría sido suficiente para obligarlas a abandonar sus hogares y verse forzadas a empezar de cero y reconstruir sus vidas en su nuevo entorno urbano.

Nuestras coinvestigadoras actualmente residen en Bogotá (barrio de Ciudad Bolívar) y en Medellín (comuna 1, 3, 8, 13). Bogotá tiene una población oficial de más de 7 millones de habitantes, y Medellín supera actualmente los 2,3 millones. Alrededor del 20 % de la población de Colombia vive en o en los alrededores de Bogotá, la capital del país. La ciudad se encuentra a una altitud de 2600 metros sobre el nivel del mar, con Ciudad Bolívar y muchos otros barrios más pobres en la zona Sur de la ciudad. Medellín está situada a 1400 metros sobre el nivel del mar, en un valle donde los barrios más marginales se encuentran en las laderas altas de la ciudad (Davila 2013; Marzi 2023b). Estas ciudades son dos de los principales lugares de acogida de personas desplazadas y víctimas del conflicto. Ciudad Bolívar, en Bogotá, es una de las principales zonas de asentamiento de los desplazados, mientras que en Medellín suelen radicarse en las laderas más altas de la ciudad (Echeverri y Orsini 2010; Observatorio Distrital de Víctimas 2019; Observatorio Distrital de Víctimas 2023). Resulta difícil obtener cifras fiables sobre el número de personas desplazadas en ambas ciudades, en parte debido a los diferentes métodos empleados para contabilizarlas y en parte a que no todas ellas se declaran oficialmente como desplazadas o víctimas del conflicto. Por ejemplo, aunque se estima que en Bogotá viven entre 340.000 y 650.000 personas desplazadas (Observatorio Distrital de Víctimas 2023), esta cifra es en realidad mucho mayor y tiende a subestimar la magnitud del desplazamiento interno en Colombia.

Violencia de género y trauma

Normalmente se da por sentado que el desplazamiento forzado en Colombia, tanto de zonas rurales a urbanas como interurbanas, es un resultado directo de la violencia asociada al conflicto interno y de las amenazas de los grupos armados (López 2019; Meertens 2010; Steele 2017). Sin embargo, en este libro argumentamos que el desplazamiento puede no estar causado directamente por estas amenazas, pero que, pese a ello, es una consecuencia del conflicto. Esto se debe a que nuestras coinvestigadoras identifican diversos tipos de violencia. La violencia, como investigadoras feministas han demostrado, es un continuo (Cockburn 2004; Moser y McIlwaine 2004; Moser y Clare 2001; Pearce 2007). La violencia tiene múltiples facetas y capas, y va más allá de los conflictos armados que han recibido mayor atención en los estudios académicos y en los medios de comunicación. La violencia puede ser física, social o política. También puede ser institucional, estructural y económica, como consecuencia de políticas estatales y gubernamentales. Por consiguiente, si bien muchas personas se han desplazado como consecuencia de las amenazas a su seguridad debidas al conflicto, las coinvestigadoras han subrayado reiteradamente en sus testimonios que muchas de ellas se trasladaron a la ciudad motivadas por la falta de oportunidades económicas. Esta falta, sin embargo, sigue estando relacionada con el conflicto y la ausencia del Estado, lo que limita las oportunidades económicas para las personas de zonas rurales. Los diferentes modos de desplazamiento y las experiencias de las coinvestigadoras desplazadas se abordan con más detalle en los capítulos cinco y seis.

Sumado a esto, la violencia es cíclica: muchas de nuestras coinvestigadoras han sufrido múltiples conflictos y crisis, uno de los cuales ha sido su desplazamiento, lo que incrementa su vulnerabilidad frente a otros acontecimientos perjudiciales y agravan sus efectos. Un ejemplo es el mayor riesgo de sufrir violencia doméstica y abuso sexual al que se enfrentan las personas desplazadas (especialmente las mujeres desplazadas). Otro es la amenaza de violencia de parte de criminales, pandillas y grupos armados una vez asentadas en determinados barrios de ambas ciudades. Una vez más, nuestra comprensión analítica de la violencia se basa en la erudición feminista, que ha dejado claro que las violencias de género están interconectadas a lo largo de distintas escalas y lugares (Hume 2009; Moser y Clare 2001; Tickner 1992).

Aunque muchas personas han escrito sobre la violencia en Colombia y sus consecuencias, incluidos el desplazamiento y otros impactos sobre sus víctimas, y sobre los recientes intentos de paz (Sierra 2021; Karl 2017; Steele 2017; Burnyeat 2018; Díaz Pabón 2018; Palacios 2006; Garza, Verbel-Montes, y Ramos-Ruiz 2022), solo unas pocas se han centrado en las dimensiones específicas de género de la violencia y el trauma sufridos por las mujeres en Colombia, así como en su resistencia y movilización (para consultar algunas excepciones destacables, véase Gutiérrez Rivera y Delgado Mejía 2022; Marzi y Pain 2024; Meertens 2010; Rodríguez Castro 2021a; Rodriguez Castro 2021b; Zulver 2016; Zulver 2022). La violencia que viven las mujeres colombianas es multifacética y está vinculada, tanto de manera directa como indirecta, al conflicto armado perpetrado por diversos actores, entre los que se incluyen las guerrillas, los grupos paramilitares y las fuerzas armadas estatales (Marzi y Pain 2024; Zulver 2022).

La violencia que han sufrido nuestras coinvestigadoras ha obligado a la mayoría de ellas a abandonar sus territorios de origen y trasladarse a las ciudades de Bogotá y Medellín o, más adelante, a cambiar de barrio dentro de las mismas ciudades (desplazamiento intraurbano). Sin embargo, ser víctimas del conflicto va mucho más allá de esas experiencias directas de violencia que condujeron al desplazamiento. Las biografías de género del trauma de las mujeres, como las llamamos, incluyen las trayectorias temporales y espaciales del impacto que han tenido los acontecimientos violentos en sus vidas (véase Pratt, Johnston, y Banta 2017). En otra sección hicimos hincapié en que "entendemos que el trauma es 'un efecto psicológico de la violencia, que puede tener diferentes repercusiones a largo plazo, pero [que] también puede sustentar una dinámica relacional continua entre el agresor y la víctima" (Pain 2019: 388). Esta doble concepción identifica tanto los efectos crónicos de la acumulación de daños del pasado como las formas en que estos se repiten debido a las dinámicas económicas, sociales y políticas específicas de la ciudad." (Marzi y Pain 2024: 5). Las mujeres traen esas biografías de violencia y de trauma a sus nuevos entornos en Bogotá y Medellín, donde se entrelazan con nuevos encuentros violentos y otros desafíos urbanos. En los capítulos cinco y seis, nuestras coinvestigadoras proporcionan un contexto más detallado sobre los diferentes tipos de violencia y los desafíos urbanos a los que se enfrentan en sus entornos urbanos antes y después de haber sido desplazadas. Comparten que, tanto en el desplazamiento como en la experiencia de ser víctimas del conflicto, siempre hay una historia de pérdida y violencia, y que el proceso de reconstruir sus vidas en la ciudad conlleva grandes desafíos.

También describen la pérdida de sus raíces y de su identidad campesina. Relatan cómo su condición de campesinas y desplazadas se traduce en rechazo y discriminación en y por la ciudad: aquello que las coinvestigadoras expresan de manera elocuente con la palabra "rechazo", sumado a la ausencia del Estado, que no ofrece el apoyo necesario a las víctimas del conflicto (véase Marzi y Pain 2024). Esto se manifiesta, por ejemplo, en la falta de protección frente a la violencia doméstica en las zonas rurales, donde hay pocos servicios seguros y de confianza, o donde la policía no está presente; el conflicto, que destruye cualquier estabilidad económica en las zonas rurales y obliga a las mujeres a trasladarse a la ciudad; o el Estado, que no protege a las mujeres y sus familias en sus nuevos hogares urbanos y las convierte de nuevo en víctimas del conflicto en estos contextos.

Sin embargo, las mujeres no son víctimas pasivas del conflicto. El concepto "víctimas del conflicto" es un término legal vinculado al derecho a recibir reparación del Estado, a través de la Ley de Víctimas de 2011 (Weber 2020); sin embargo, el término "víctima" es una elección desafortunada, especialmente en referencia a las mujeres que participan en este estudio. Aunque las coinvestigadoras continúan inmersas en formas entrelazadas de violencia y en las consecuencias en sus vidas, ellas están desarrollando una recuperación a largo plazo a través de diversas formas de activismo feminista, para transformar tanto sus vidas como las ciudades en las que residen y acceder así a un futuro urbano más prometedor (Marzi y Pain 2024). Esta resistencia tiende a ser menos perceptible, ya que se manifiesta en espacios privados y semiprivados, generalmente a pequeña escala. Sin embargo, en algunas ocasiones, esta resistencia se amplifica (McIlwaine *et al.* 2023; Pain y Staeheli 2014).

En este libro, presentamos algunos de los testimonios de la violencia y el trauma que han vivido las mujeres coinvestigadoras. En ellos describen su experiencia de desplazamiento y los desafíos que enfrentaron al llegar a sus nuevos entornos urbanos. Aunque estos relatos provienen de un grupo de 24 mujeres de Bogotá y Medellín, dichas mujeres sugieren que estas historias reflejan en gran medida las vivencias de muchas mujeres desplazadas que también se han visto forzadas a reconstruir sus vidas en diversas ciudades de Colombia. Al mismo tiempo, ellas nos instruyen sobre su resistencia y su activismo, orientados a la reconstrucción y la transformación para forjar un futuro libre de violencia y de conflictos. Las coinvestigadoras son las coautoras principales de los capítulos 5, 6 y 7.

Este último punto es esencial: como se explica en el capítulo 1, la inves-tigación contenida en este libro fue coproducida en el marco de un proyecto realizado con un enfoque metodológico de Investigación Acción Participante (IAP). Nuestro enfoque para la investigación se diseñó para ayudar a las coinves-tigadoras a contar y presentar sus propias historias, empleando los métodos y medios que ellas mismas desearan. Como se detalla en el próximo capítulo, finalmente utilizamos diversos métodos creativos, sonoros y visuales para conseguirlo, trabajando tanto a distancia en línea como de forma presencial. Por consiguiente, este libro en primer lugar, describe cómo diseñamos la investigación durante la pandemia del COVID19, de manera que las mujeres desplazadas fueran coinvestigadoras de sus propias experiencias; y en segundo lugar, presenta y amplifica sus voces e historias de desplazamiento, violencia y desafíos urbanos, como también sobre sus esperanzas para el futuro. Estos dos objetivos, como veremos, están estrechamente interconectados.

Referencias

Arango-Vargas, Carolina. 2021. 'Perched on a Parched Hill: Popular Women, Popular Feminism, and the Struggle for Water in Medellín'. Latin American Perspectives 48 (4). SAGE Publications Inc: 69–86.

Burnyeat, Gwen. 2018. Chocolate, Politics and Peace-Building: An Ethnography of the Peace Community of San José de Apartadó, Colombia. Springer.

Cockburn, Cynthia. 2004. 'The Continuum of Violence: A Gender Perspective on War and Peace", in W. Giles and J. Hyndman (Eds.) Sites of Violence: Gender and Conflict Zones, Berkeley: University of California Press'.

Comisión de la verdad. 2022. 'El Plan Colombia'. https://www.comision-delaverdad.co/el-plan-colombia.

Comisión de la Verdad,. 2022. Hay Futuro Si Hay Verdad: Informe Final de La Comisión Para El Esclarecimiento de La Verdad, La Convivencia y La No Repetición. Bogotá, Colombia: Comisión de la Verdad,.

Corte Interamericana de Derechos Humanos (CIDH). 2022. Caso Integrantes y Militantes de la Unión Patriótica vs. Colombia. Sentencia del 27 de julio de 2022. Serie C No. 455. https://www.corteidh.or.cr/docs/casos/articulos/seriec_455_esp.pdf

Davila, Julio. 2013. Urban Mobility and Poverty: Lesson from Medellin and Soacha, Colombia. Medellin: Development Planning Unit, UCL.

Díaz Pabón, Fabio Andrés, ed. 2018. 'Conflict and Peace in the Making: Colombia from 1948–2010'. In Truth, Justice and Reconciliation in Colombia: Transitioning from Violence., 1st ed. Routledge. doi:10.4324/9781315148373.

Echeverri, Restrepo Carlos Alejandro, and Francesco Maria Orsini. 2010. 'Informality and Soical Urbanism in Medellin'. In Medellin: Environment, Urbanism and Society, edited by M Hermelin, Carlos Alejandro Echeverri Restrepo, and Jorge Giraldo, 132–156. Medellin: Universidad EAFIT.

El Tiempo. 2022. 'Aumentó El Desplazamiento Forzado Intraurbano En Medellín'. El Tiempo. Aumentó el desplazamiento forzado intraurbano en Medellín.

Garza, Nestor, Ivan Verbel-Montes, and José Ramos-Ruiz. 2022. 'Urban Life Cycle and Long-Run Violence: Colombia 1938–2018'. International Journal of Urban Sciences, October. Routledge, 1–21. doi:10.1080/12265934.2022.2137566.

Gutiérrez Rivera, Lirio, and Luisa Delgado Mejía. 2022. 'Agency in Contexts of Violence and Crime: Coping Strategies of Women Community Leaders Vis-à-Vis Criminal Groups in Medellín, Colombia'. Journal of Illicit Economies and Development 4 (3).

Guzmán, Germán, Orlando Fals Borda, and Eduardo Umaña Luna. 2019. La Violencia En Colombia Estudio de Un Proceso Social Tomo II. Vol. 11. Ediciones Tercer Mundo.

Hume, Mo. 2009. The Politics of Violence: Gender, Conflict and Community in El Salvador. Wiley-Blackwell.

Ibáñez Londoño, Ana María. 2008. 'El Desplazamiento Forzoso En Colombia: Un Camino Sin Retorno Hacia La Pobreza'. Bogotá: Universidad de Los Andes, Facultad de Economía, CEDE, Ediciones Uniandes. Universidad de los Andes. https://economia.uniandes.edu.co/sites/default/files/publicaciones/libros/El-desplazamiento-forzoso-en-Colombia.pdf.

IDMC. 2020. From Aid to Empowerment: Addressing Urban Displacement in Colombia's Informal Settlements. UnSettlement: Urban Displacement in the 21st Century. https://www.internal-displacement.org/sites/default/files/publications/documents/Urban%20displacement%20columbia_EN_26-11.pdf.

Indepaz. 2023. https://indepaz.org.co/informe-de-masacres-en-colombia-durante-el-2020-2021/.

Jenss, Alke. 2020. 'Global Flows and Everyday Violence in Urban Space: The Port-City of Buenaventura, Colombia'. Political Geography 77 (March): 102113. doi:10.1016/j.polgeo.2019.102113.

Karl, Robert A. 2017. Forgotten Peace: Reform, Violence, and the Making of Contemporary Colombia. University of California Press. doi:10.1525/california/9780520293922.001.0001.

Lederach, Angela Jill. 2023. Feel the Grass Grow: Ecologies of Slow Peace in Colombia. Stanford University Press.

Livingstone, Grace. 2003. Inside Colombia: Drugs, Democracy, and War. London: Latin America Bureau, 2003. http://search.ebscohost.com/login. aspx?direct=true&db=cat01883a&AN=uea.003688196&site=eds-live& scope=site.

López, Claudia Maria. 2019. 'Contesting Double Displacement: Internally Displaced Campesinos and the Social Production of Urban Territory in Medellín, Colombia'. Geogr. Helv. 74 (3): 249–259.

Marín, Jefferson Jaramillo. 2012. 'El Libro La Violencia En Colombia (1962–1964). Radiografía Emblemática de Una Época Tristemente Célebre'. Revista Colombiana de Sociología 35 (2): 35–66.

Marzi, Sonja. 2023a. 'Co-Producing Impact-in-Process with Participatory Audio-Visual Research'. Area, no. 55: 295–302. doi:10.1111/area.12851.

Marzi, Sonja. 2023b. 'Participatory Video from a Distance: Co-Producing Knowledge during the COVID-19 Pandemic Using Smartphones'. Qualitative Research 23 (3). doi:10.1177/14687941211038171.

Marzi, Sonja, and Rachel Pain. 2024. '"Volviendo a Vivir" (Coming Back to Life): Urban Trauma, Activism and Building Emancipatory Futures'. Urban Studies, 00420980231213730. doi:10.1177/00420980231213730.

McIlwaine, Cathy, Miriam Krenzinger, Moniza Rizzini Ansari, Noelle Coelho Resende, Julia Gonçalves Leal, and Fernanda Vieira. 2023. 'Building Emotional-Political Communities to Address Gendered Violence against Women and Girls during COVID-19 in the Favelas of Maré, Rio de Janeiro'. Social & Cultural Geography 24 (3–4): 563–581.

Meertens, Donny. 2010. 'Forced Displacement and Women's Security in Colombia'. Disasters 34 (April): S147–S164. doi:10.1111/j.1467-7717.2010. 01151.x.

Moser, Caroline, and F. Clare. 2001. 'The Gendered Continuum of Violence and Conflict: An Operational Framework'. In Victims, Perpetrators or Actors: Gender, Armed Conflict and Political Violence. Zed Books.

Moser, Caroline, and Cathy McIlwaine. 2004. Encounters with Violence in Latin America: Urban Poor Perceptions from Colombia and Guatemala. New York, N.Y.; London: Routledge, 2004. http://search.ebscohost.com/ login.aspx?direct=true&db=cat01883a&AN=uea.003684132&authtype=sso &custid=s8993828&site=eds-live&scope=site.

Observatorio Distrital de Víctimas. 2019. Ciudad Bolivar: Fichas de Informacion Local. http://observatorio.victimasbogota.gov.co/documento/ ficha-de-informacion-local-ciudad-bolivar-2019.

Observatorio Distrital de Víctimas. 2023. Boletín Víctimas Bogotá - Abril 2023. http://observatorio.victimasbogota.gov.co/sites/default/files/documentos/ Boletin%20Victimas%20Bogota%20-%20Abril%20%202023%20corte%20 Noviembre%20Diciembre%202022.pdf.

Pain, Rachel. 2019. 'Chronic Urban Trauma: The Slow Violence of Housing Dispossession'. Urban Studies 56 (2): 385–400.

Pain, Rachel, and Lynn Staeheli. 2014. 'Introduction: Intimacy-Geopolitics and Violence'. Area 46 (4). JSTOR: 344–347.

Palacios, Marco. 2006. Between Legitimacy and Violence: A History of Colombia, 1875–2002. New York, UNITED STATES: Duke University Press. http://ebookcentral.proquest.com/lib/londonschoolecons/detail.action? docID=1169272.

Pearce, Jenny. 2007. 'Violence, Power and Participation: Building Citizenship in Contexts of Chronic Violence'. Institute of Development Studies.

Pratt, Geraldine, Caleb Johnston, and Vanessa Banta. 2017. 'Filipino Migrant Stories and Trauma in the Transnational Field'. Emotion, Space and Society 24 (August): 83–92.

Rodriguez Castro, Laura. 2021a. Decolonial Feminisms, Power and Place: Sentipensando with Rural Women in Colombia. Springer.

Rodriguez Castro, Laura. 2021b. 'The Politics of Memory in Post-Accord Colombia: Interventions from Women Social Leaders and Decolonial Feminisms'. International Journal of Heritage Studies 27 (7). Routledge: 669–682. doi:10.1080/13527258.2020.1846070.

Sierra, Jerónimo Ríos. 2021. Historia de La Violencia En Colombia: 1946–2020: Una Mirada Territorial. Sílex.

Steele, Abbey. 2017. Democracy and Displacement in Colombia's Civil War. Cornell University Press. doi:10.1515/9781501709753.

Tickner, J Ann. 1992. Gender in International Relations: Feminist Perspectives on Achieving Global Security. Columbia University Press.

Unidad de Víctimas. 2023. https://www.unidadvictimas.gov.co/es/registro-unico-de-victimas-ruv/37394.

Vélez-Torres, Irene, Katherine Gough, James Larrea-Mejía, Giulia Piccolino, and Krisna Ruette-Orihuela. 2021. '"Fests of Vests": The Politics of Participation in Neoliberal Peacebuilding in Colombia'. Antipode 54 (2): 586–607.

Weber, Sanne. 2020. 'Trapped between Promise and Reality in Colombia's Victims' Law: Reflections on Reparations, Development and Social Justice'. Bulletin of Latin American Research 39 (1): 5–21.

Zulver, Julia. 2016. 'High-Risk Feminism in El Salvador: Women's Mobilisation in Violent Times'. Gender & Development 24 (2). Routledge: 171–185. doi:10.1080/13552074.2016.1200883.

Zulver, Julia. 2022. High-Risk Feminism in Colombia: Women's Mobilization in Violent Contexts. Rutgers University Press.

CAPÍTULO 3

Investigación a distancia: consideraciones metodológicas

Sonja Marzi, Rachel Pain y Jen Tarr

En el presente capítulo ofrecemos una descripción más detallada de la metodología que desarrollamos en este proyecto y de la que fuimos pioneras. En colaboración con 24 mujeres desplazadas en Colombia, aplicamos un enfoque de investigación de filmación participativa de coproducción a distancia/híbrida para generar conocimientos sobre el desplazamiento femenino, los desafíos urbanos a los que se enfrentan y sus esperanzas para el futuro. Este capítulo busca brindar una orientación útil que facilite el desarrollo de proyectos con metodologías audiovisuales participativas a distancia o híbridas con el uso de teléfonos inteligentes, y pone de relieve algunos desafíos y oportunidades sobre los que es importante reflexionar a la hora de emplear esta metodología.

En los capítulos 1 y 2, ya hemos hecho hincapié en algunas consideraciones clave en relación con nuestro enfoque. La elección de nuestra metodología está estrechamente relacionada con el contexto de nuestra investigación, el contenido de la misma y las posibilidades que ofrece la metodología más allá de los resultados académicos. Estas cuestiones están relacionadas con lo que usualmente se conoce como "impacto" de una investigación, aunque en el contexto del Reino Unido esto suele definirse de formas con las cuales no concordamos (véase Marzi 2023a; Pain 2014; Pain, Kesby, y Askins 2011). Para nosotras, como ya hemos señalado, los resultados más importantes son aquellos que ofrecen beneficios tangibles a quienes participan.

La mayor parte de este capítulo busca proporcionar más información sobre cómo desarrollamos nuestra metodología y entregar orientación para que otras personas interesadas en realizar una investigación similar puedan utilizarla. No obstante, en este capítulo también se hace una reflexión crítica sobre las fortalezas y debilidades de la metodología, así como sobre lo que funcionó y lo que se podría haber mejorado o haber hecho de otro modo. En él, se describe el proceso de desarrollo de nuestro proyecto de investigación con acción participativa junto a 24 coinvestigadoras en Bogotá y Medellín, y la forma en que nuestras preguntas de investigación cambiaron a medida que trabajábamos juntas en las cuestiones que eran importantes para ellas. El proyecto implicó la reunión de coinvestigadoras radicadas en diversas ciudades de Colombia y el

Reino Unido, por lo que describimos el modo en que organizamos y llevamos a cabo la investigación en ambos países, especialmente teniendo en cuenta que, en el momento en que comenzamos, el mundo estaba viviendo el apogeo de la pandemia de la COVID-19. Abordamos cuestiones tales como: ¿cómo sería posible organizar, conducir y facilitar talleres en línea, sin dejar de intentar aplicar los principios participación y reparto de poder de la investigación-acción? ¿Qué retos y limitaciones se enfrentan al realizar un proyecto como este en línea? ¿Qué ventajas y oportunidades se nos ofrecieron al adoptar un enfoque híbrido que nos permitió combinar actividades de investigación en línea y presenciales?

Comenzamos el capítulo con un breve resumen del proyecto, para contextualizar lo que sigue. A continuación, presentamos la metodología general del video y filmación participativa, así como sus críticas, antes de exponer los retos metodológicos específicos que surgen cuando se trabaja con coinvestigadoras que graban videos de su vida cotidiana con teléfonos inteligentes y participan en el proyecto a distancia. Luego, explicamos cómo hicimos para captar a las participantes (las que se convirtieron en coinvestigadoras) a distancia. Después se habla sobre la coproducción a distancia y se explican los aspectos prácticos de realizar una investigación a distancia, las medidas que adoptamos para que las interacciones en línea fueran lo más éticas y seguras posible para las mujeres, cómo las mujeres comenzaron inmediatamente a dirigir el programa de investigación, y cómo se las compensó por el tiempo dedicado. También reflexionamos sobre cuestiones que surgieron en el transcurso del proyecto, una vez que fue posible combinar talleres e interacciones presenciales con las actividades en línea.

En la siguiente sección proporcionamos una guía más detallada sobre el método que utilizaron las mujeres para recopilar datos, analizarlos colectivamente y coproducir el documental final. En esta, ofrecemos orientación sobre los aspectos prácticos para iniciar a las coinvestigadoras en el método de filmación con teléfonos inteligentes, a distancia. Posteriormente, se realiza un análisis crítico de los principios de participación y poder en el proceso de investigación, y se incluyen reflexiones sobre lo que podríamos haber hecho de otro modo en este aspecto. Asimismo, la sección de este capítulo que aborda la reflexión constituye un recordatorio del compromiso epistemológico y ontológico en el que se basa nuestra elección de una metodología de Investigación Acción Participante, según lo expuesto en el capítulo 1.

Como conclusión, ofrecemos algunas reflexiones sobre la dirección que, en nuestra opinión, podría seguir esta metodología en el futuro. Para ello, pensamos en quiénes podrían usarla en el futuro y cómo se la podría adaptar, incluso fuera del ámbito académico. Aunque hemos coproducido una película, queremos destacar el valor del proceso de filmación y del material filmado como base para el debate y la reflexión por sí mismos. Incluso aunque finalmente no se cree un documental ni se cuente con otro "resultado" tangible, el uso de la filmación participativa como forma de abordar la coproducción de conocimientos en torno a temas sensibles con las comunidades puede tener un gran valor.

El proyecto "Volviendo a vivir/Coming Back to Life"

Nuestro proyecto de investigación, "Volviendo a vivir/Coming Back to Life", contó con el financiamiento del Consejo de Investigación Económica y Social (ESRC) del Reino Unido, a través de una subvención para desarrollo metodológico. El proyecto, originalmente titulado "Coproducción de conocimientos durante emergencias y pandemias: desarrollo de métodos visuales participativos a distancia con el uso de teléfonos inteligentes", se concibió como respuesta a los desafíos metodológicos surgidos en 2020 a raíz de las restricciones de viajes y contacto durante la pandemia de la COVID-19. Su objetivo era coproducir conocimientos sobre los derechos de las mujeres a la ciudad en Colombia, mediante el uso de un enfoque de investigación participativa a distancia. Por consiguiente, si bien en la etapa inicial del proyecto el enfoque se centraba principalmente en superar los desafíos metodológicos, nuestras 24 coinvestigadoras profundizaron las preguntas de investigación y las enfocaron en aspectos sustanciales más amplios. Aquí las coinvestigadoras, que son mujeres desplazadas que residen en Bogotá y Medellín, decidieron reorientar el enfoque de nuestra investigación desde el derecho a la ciudad hacia temas que consideraron más importantes, e identificaron "muchas pandemias", siendo la pandemia de la COVID-19 solo una de ellas. Temas como la corrupción, la violencia y la pobreza eran mucho más relevantes para ellas y su vida cotidiana. Por consiguiente, el proyecto de investigación coprodujo conocimientos sobre las siguientes materias:

1. Innovación metodológica: ¿De qué manera pueden los investigadores de la acción participativa y la coproducción proseguir con la coproducción de conocimientos a distancia y de forma híbrida, para generar impacto y promover el cambio y la transformación social, captando en este caso la realidad que viven las mujeres desplazadas en Colombia?
2. La experiencia de desplazamiento: ¿Qué experiencias de desplazamiento han vivido las mujeres colombianas? A partir de estas, ¿cómo entienden y conceptualizan el desplazamiento?
3. Respuestas a desafíos urbanos: ¿Cuáles son los desafíos urbanos a los que se enfrentan las mujeres desplazadas en las ciudades de Bogotá y Medellín? ¿Cómo responden a ellos?
4. Esperanzas para el futuro: ¿Cómo miran al futuro las mujeres desplazadas en Bogotá y Medellín? ¿A qué cambios aspiran y qué acciones emprenden para lograrlo?

Asimismo, aun cuando el desarrollo metodológico de este proyecto fue impulsado por la pandemia, es importante destacar que la metodología tiene una importancia y un posible alcance mucho mayor, dado que los enfoques participativos a distancia/híbridos tienen un valor que trasciende a la pandemia para el diseño de investigaciones. Por consiguiente, aunque la pandemia nos hizo reflexionar más a fondo sobre los aspectos propios de la implementación a distancia de los diseños y enfoques de investigación participativa, tenemos razones de peso para considerar que tiene sentido combinar actividades de investigación a distancia y presenciales, que compartimos con más detalle al final de este capítulo.

Video y filmación participativa

Los enfoques de video participativo y filmación participativa se basan en la colaboración y la participación, y son dirigidos por los participantes. El video participativo se rige por los principios de la investigación-acción, por lo que su proceso de creación carece de un guion o una historia predefinida. En su lugar, está dirigido por los propios participantes, quienes desarrollan de manera grupal el contenido del material filmado mediante ciclos iterativos de rodaje, revisión y discusión. El producto final suele ser una película destinada a compartirse ampliamente (Johansson *et al.*, 1999; Kindon, 2003; Lunch y Lunch, 2006). El objetivo de producir una película de esta manera es generar un proceso "freiriano" de "pedagogía de la concientización" (Freire 1970) que dé cabida a la colaboración, la participación y el intercambio de conocimientos con ampliar la voz a aquellas personas que son sistemática-mente excluidas del proceso de construcción del conocimiento (Marzi 2023b; Mistry y Berardi 2012; Vélez-Torres 2013). El video participativo abre espacios de diálogo y rechaza la extracción vertical de conocimientos; por el contrario, aspira a establecer relaciones de poder horizontales en la medida de lo posible. El proceso mismo de investigación es un tanto impredecible en cuanto a sus resultados; por lo tanto, requiere flexibilidad por parte del investigador, el profesional y los participantes implicados para seguir un ciclo (Cahill 2007b; Marzi 2023b; Pearce 2010). La película coproducida que resulta de este proceso puede convertirse en una forma de difusión del conocimiento (Lunch y Lunch 2006). Sin embargo, el *proceso* de coproducción es tanto o más importante que el resultado final, la propia película. El proceso es lo que proporciona el espacio para crear lo que se conoce como "impacto en proceso": un espacio de aprendizaje colectivo, diálogo democrático, toma de conciencia y desarrollo de capacidades, así como el potencial de acción resultante (Marzi 2023a; Marzi y Pain 2022; Pain 2014). Incluso, a veces, puede suceder que la película no pueda exhibirse a un público externo, sino que se utilice como instrumento de reflexión y debate entre el grupo de coinvestigadores, o solo como instrumento de investigación.

Sin embargo, si bien el video participativo ofrece la oportunidad de trabajar con las personas participantes en temas de relevancia para ellas, y tiene el potencial de transformar las relaciones de poder en el proceso de investigación (Kindon 2003), también ha sido criticado por utilizar, e incluso imponer, una mirada occidental en cuanto a lo que entiende por video participativo, las ideas y las maneras prácticas de usarlo, y cómo "debe" hacerse una filmación (Kindon, 2016). Esto es algo que abordamos en mayor detalle en el capítulo 4, y está relacionado con las maneras neoliberales, imperiales y coloniales de realizar videos y filmaciones participativos, especialmente en la academia anglófona y occidental (véase también Kindon 2016; Mistry y Berardi 2012; Walsh 2016). También hablamos de ello en relación con los aspectos prácticos y de facilitación de nuestro proyecto, más adelante en este mismo capítulo. Otras críticas al video participativo han hecho hincapié en cuestiones relacionadas con la propiedad del material empleado en él, que deben atenderse cuidadosamente, así como en problemas con reproducir visiones y jerarquías coloniales e imperialistas en el proceso de investigación, posiblemente dirigido por el investigador y los profesionales en calidad de "expertos", reproduciendo así las relaciones hegemónicas de poder (Marzi 2023a; Shaw 2016). Por otra parte, el uso de métodos de video y filmación participativos da a los coinvestigadores la oportunidad de coproducir conocimientos de formas no textuales, lo que elimina la exclusión de quienes se sienten más incómodos al expresarse mediante texto y quienes son menos letrados (Beebeejaun *et al.* 2013; Marzi 2023b; Mistry, Bignante, y Berardi 2016; Rouhani 2019). Sumado a esto, el video y la filmación participativos abren puertas a diversas formas de expresión y, especialmente cuando se abordan temas complejos y sensibles en contextos grupales, pueden ofrecer a los coinvestigadores formas más artísticas de participar.

En nuestro proyecto, usamos teléfonos inteligentes para las actividades de filmación. En la actualidad, los teléfonos inteligentes son más asequibles y accesibles en la mayor parte del mundo, y constituyen un valioso sustituto tecnológico para realizar proyectos de filmación participativa. Los equipos de filmación suelen ser propiedad de los investigadores y profesionales, quienes los ponen a disposición de los participantes. Los teléfonos inteligentes, por el contrario, rara vez deben devolverse a los investigadores, por lo que los profesionales y los coinvestigadores conservan los derechos de propiedad sobre los materiales que ellos mismos han filmado. El uso cada vez más extendido de los teléfonos inteligentes también significa que los coinvestigadores suelen tener algunos conocimientos básicos sobre su uso para grabar videos. Sin embargo, aunque tal vez estén familiarizados con sus teléfonos, es posible que carezcan de los conocimientos técnicos y teóricos para crear material de video de mejor calidad. En el pasado, estos conocimientos dependían en gran medida de la presencia conjunta del investigador y de los coinvestigadores durante las actividades de captación, formación y facilitación (MacEntee, Burkholder, y Schwab-Cartas 2016; Mitchell, de Lange, y Moletsane 2016). En nuestro caso, la formación en técnicas básicas de filmación y edición, así como en facilitación grupal, es necesaria para garantizar una participación igualitaria en el proceso de investigación, y es importante forjar relaciones de confianza. Estos procesos normalmente tienen lugar de forma presencial (Marzi 2023b; Wheeler 2009). Sin embargo, debido a la pandemia de la COVID-19, fue imposible organizar reuniones presenciales en los primeros ocho meses de nuestro proyecto. Por lo tanto, adoptamos el uso de teléfonos inteligentes para la realización de videos participativos a distancia (Marzi 2023b). En las secciones siguientes se ofrece más información sobre el modo en el que establecimos y organizamos la investigación, empezando por el proceso de captación de participantes.

Captación de participantes desde la distancia

Desde el inicio, nos propusimos trabajar con mujeres de Bogotá y Medellín (la capital y la segunda ciudad más grande de Colombia, respectivamente), dado que estas ciudades, como se describe en el capítulo 2, son dos de los principales destinos de las personas desplazadas del país. Nos interesaba especialmente captar a mujeres desplazadas afectadas por el conflicto que residen en el barrio Ciudad Bolívar, de Bogotá, y en los barrios periféricos situados en las laderas de Medellín. Con ello se buscaba garantizar la inclusión de mujeres de los estratos socioeconómicos más bajos y que viven en barrios caracterizados por un gran número de pobladores desplazados, y conocidos por la violencia y las actividades de las bandas. Además, se encuentran menos conectados con el resto de la ciudad a través del transporte público y tienen un acceso más limitado a los servicios y recursos urbanos. En la última década, se ha observado cierto avance en la infraestructura de muchos de estos barrios, como es el caso del sistema de autobuses rápidos Transmilenio que llega hasta Ciudad Bolívar, en Bogotá, y los tranvías que conectan los barrios más elevados con las zonas más bajas de Bogotá y Medellín (véase Bocarejo *et al.* 2014; Davila 2013; Oviedo Hernández y Dávila 2016).

Dado que al iniciar este proyecto de investigación no podíamos reunirnos presencialmente, tuvimos que idear nuevas formas de incluir a las mujeres a distancia. Para ello, la contribución de nuestras investigadoras profesionales independientes colombianas, Lina Zuluaga y Carolina Dorado, basadas en Medellín y Ciudad Bolívar (Bogotá), respectivamente, fue muy importante. Ambas tienen muchos años de experiencia trabajando con mujeres en las áreas de la ciudad que eran importantes para nuestra investigación, y pudieron conectarse con líderes comunitarias en ambas ciudades. Primero, a través de WhatsApp y, posteriormente, también mediante reuniones presenciales realizadas al aire libre debido a las medidas de seguridad vigentes en ese momento por la COVID-19. En Colombia, las líderes comunitarias están estrechamente conectadas con otras mujeres de sus barrios que comparten el deseo de mejorar sus condiciones de vida locales y urbanas; entre ellas, aquellas que luchan por los derechos de las mujeres víctimas del conflicto colombiano.

Una vez que nuestros equipos de investigación locales en Bogotá y Medellín establecieron contacto con las líderes comunitarias, les proporcionamos la información sobre las metas y objetivos del proyecto, de manera que pudieran conectarse con sus redes y, mediante un método de "bola de nieve", preguntarle a las mujeres si estaban interesadas en nuestra investigación. A continuación, invitamos a todas las mujeres que manifestaron interés a participar en una reunión en línea, con el fin de conversar sobre el proyecto en más detalle, y usamos esta instancia para invitarlas a formar parte de él en calidad de coinvestigadoras. Las mujeres se unieron a las reuniones en línea a través de sus teléfonos inteligentes, a veces de forma grupal, cuando dos o más de ellas vivían cerca. Durante ese período, las restricciones de contacto comenzaron a flexibilizarse y las mujeres tenían más facilidades para reunirse a nivel local.

Esto resultó ser importante, ya que algunas de ellas nunca habían participado en reuniones en línea a través de Zoom y les resultaba difícil hacerlo.

En total, incluimos a 24 mujeres: 12 en Medellín y 12 en Bogotá, quienes trabajaron en grupos separados, uno en cada ciudad. Creamos un grupo de WhatsApp para reunir a las 24 mujeres fuera de los talleres impartidos por Zoom y para darles un espacio en el que todas pudieran plantear preguntas y comunicarse entre sí.

La mayoría de las coinvestigadoras han sido desplazadas del campo a sus respectivas ciudades, muchas de ellas como cabeza de familia con niños a su cargo. Todas ellas son víctimas del conflicto colombiano y han vivido la violencia en diferentes formas. Además, la mayoría de ellas se dedicaba al trabajo informal, lo cual había sido especialmente difícil durante la pandemia. Les ofrecimos un pago en compensación por el tiempo que dedicaron al proyecto, ya que invirtieron una cantidad considerable de horas a la semana durante un período de 10 meses. Sin embargo, no les informamos sobre este pago compensatorio en las primeras conversaciones sobre su participación, para evitar que el dinero fuera su principal incentivo para unirse al proyecto (véase también Marzi 2023b). Desde un punto de vista ético, consideramos que este tipo de pagos es algo esencial, especialmente en el caso de proyectos de investigación-acción que suponen la dedicación de mucho tiempo de personas que viven en condiciones precarias.

Coproducción de conocimientos a distancia e de manera híbrida

Cuando pusimos en marcha el proyecto, tuvimos que reproducir las actividades de filmación participativa estándares y adaptarlas para su uso en espacios en línea. Siguiendo los principios de la investigación-acción, el diseño de la investigación incluyó reuniones semanales en línea, en que hablábamos sobre la investigación, capacitábamos a las participantes para las actividades de filmación y, por último, editamos la película creada. En las primeras reuniones en línea, se abordaron los pasos fundamentales: se discutieron las metas y los objetivos de la investigación y se exploró qué consideraban importante las coinvestigadoras para investigar y expresar en más profundidad.

Llevar a cabo una investigación con mujeres desplazadas que han sufrido traumas y violencia en el pasado, y que a menudo continúan enfrentándose a ellos, hace necesario crear espacios especialmente seguros (o, al menos, *más* seguros) en los que se sientan cómodas y tengan la confianza necesaria para compartir las experiencias del conflicto y la violencia que han experimentado antes, durante y desde su asentamiento en la ciudad. Aunque también trabajamos con dos cineastas varones que se encontraban en el Reino Unido y que brindaron apoyo a la formación cinematográfica, a los talleres cinematográficos y a la edición de la película, decidimos impartir talleres exclusivamente para mujeres. Estos tenían como objetivo abrir un espacio para que las participantes se conocieran entre sí y al equipo de investigación (las investigadoras profesionales colombianas y la directora del proyecto en el Reino Unido), así como para compartir sus ideas sobre el tema que debería abordar la película. Tomamos esta decisión porque muchas mujeres habían sufrido abusos y violencia sexual, como también violencia vinculada a grupos y bandas armadas.

En el transcurso de estos talleres, las mujeres comenzaron a tomar el control de aquello en lo que deseaban centrar su investigación y quedó claro que el desplazamiento era el tema principal que consideraban necesario destacar en la película. Cambiaron nuestro tema inicial, el derecho a la ciudad, por temas relacionados con sus experiencias de desplazamiento, los retos que enfrentan al haberse trasladado a sus respectivas ciudades, y sus esperanzas por un futuro mejor (estos temas se presentan con más detalle en los capítulos 5, 6 y 7). Esto se hizo patente cuando compartieron sus opiniones sobre el trato que reciben las personas desplazadas en Colombia y destacaron los retos a los que estas personas se enfrentan cada día en las ciudades colombianas. A esto se suma que la decisión de centrarse en los retos urbanos se vio impulsada por hechos recientes como la pandemia de la COVID-19 y las dificultades que las mujeres enfrentaron en zonas donde la atención sanitaria era insuficiente y en condiciones de vida precarias, que dificultaban la implementación del aislamiento necesario para velar por la seguridad de las personas. Además, cuando pusimos en marcha este proyecto, Colombia estaba en el punto cúlmine del Paro Nacional (p. ej., Lozano Lerma 2022). El Paro Nacional consistió en manifestaciones a nivel nacional, especialmente en los centros urbanos, en protesta contra las reformas sanitarias y tributarias propuestas por el entonces gobierno de Duque. A raíz de esto, en los talleres exclusivamente para mujeres, las participantes compartieron su descontento y su rabia hacia el Gobierno, así como información adicional sobre sus historias personales de desplazamiento, incluyendo los lugares de los que habían sido desplazadas.

En el transcurso de unas semanas, las mujeres habían elaborado una lista preliminar de temas y cosas que querían filmar, las cuales estaban relacionadas con el desplazamiento y los retos que habían vivido y sobre los que habían hablado en relación con sus respectivas ciudades. Entonces, iniciamos los talleres de formación cinematográfica con nuestra empresa de producción cinematográfica asociada, *Spectacle*, en colaboración con María Fernanda Carrillo Sánchez, cineasta y coautora de este libro, que también es coinvestigadora en este proyecto. En estos talleres de formación, las mujeres adquirieron las técnicas básicas para grabar videos de calidad con sus teléfonos inteligentes, aptos para incluirse en el documental final. Los talleres se centraron, por ejemplo, en cómo sujetar los teléfonos inteligentes cuando se filma, cómo manejar los problemas de sonido, y en la iluminación y el uso de foco. A continuación, las mujeres realizaron ejercicios de filmación, seguidos de la revisión de su material en talleres grupales adicionales en línea y una discusión colaborativa.

En los primeros talleres en línea también conversamos sobre cuestiones éticas y, especialmente, sobre cuestiones específicas que surgen cuando se usa material audiovisual. Estas incluyen no filmar a menores de edad, la necesidad

Taller exclusivo para mujeres, en línea	Talleres en línea de formación cinematográfica y formación en ética de investigación	Filmación y coproducción de conocimientos	Etapa de edición a distancia de la película final	Talleres presenciales en Colombia
• Establecimiento de las relaciones de confianza iniciales • Definición de los temas y cuestiones importantes para las co-investigadoras	• Discusión de las cuestiones éticas relacionadas con el uso y la filmación de material audiovisual • Desarrollo de habilidades de las coinvestig-adoras, para la filmación con teléfonos inteligentes	• Recopilación de material audiovisual pertinente a las cuestiones definidas por las co-investigadoras. La filmación se llevó a cabo localmente, en persona. • Talleres en línea para revisar el material audiovisual, discutir y reflexionar al respecto, y decidir qué se filmará a continuación (ciclos de reflexión y acción)	• Revisión del material audiovisual compilado, por temas • Elaboración de una guía de edición • Selección de videos y decisión sobre su orden de presentación en la película final, siguiendo la guía de edición • Edición final (diferentes versiones del corte completo del documental)	• Discusión presencial sobre los temas abordados en la película: el desplazamiento, los retos en la ciudad y las esperanzas para el futuro • Revisión de la película editada, toma de decisiones finales de edición y últimos cambio • Realización de entrevistas personales con las coinvestigadoras

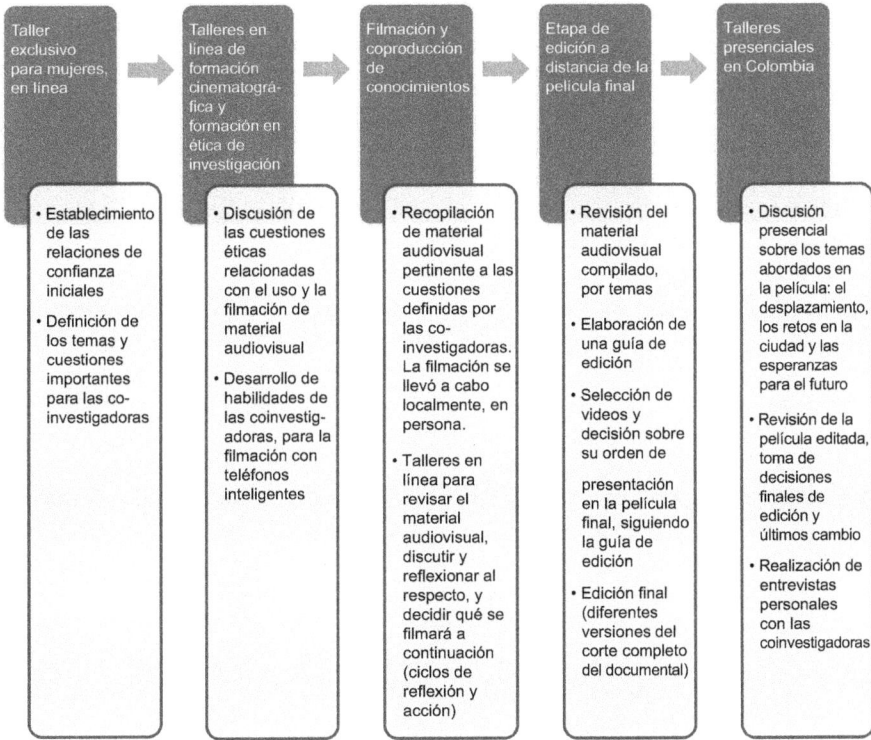

Figura 3.1 Proceso de coproducción de conocimientos y edición de la película

de obtener el permiso y consentimiento de cualquier persona visible en el video si este no se ha grabado en un espacio público, y garantizar que las mujeres no corran peligro mientras filman (por ejemplo, no usar sus teléfonos inteligentes de forma visible en zonas donde podrían ser asaltadas).

Además de los pagos a las mujeres en compensación por el tiempo dedicado, el proyecto cubrió sus costos de internet para que pudieran participar en los talleres en línea y para que pudieran compartir el material filmado con la líder del proyecto a través de una aplicación, que lo almacenaba en una nube segura del proyecto

Después de 4 a 6 semanas, una vez que las coinvestigadoras habían adquirido las habilidades básicas necesarias para filmar con sus teléfonos inteligentes, comenzamos a enfocar los talleres en línea cada vez más en la discusión de materiales para el video, en ciclos típicos de acción-reflexión. Estos constituyen actividades clave de coproducción de conocimientos, durante las cuales recopilamos material audiovisual relacionado con temas definidos previamente, lo revisamos y, tras reflexionar sobre este material, decidimos qué necesitábamos filmar a continuación para poder mostrar los temas que las coinvestigadoras consideraban importantes en la película final. En este sentido, hablamos sobre investigación creativa, dado que el proceso creativo permite a las personas coinvestigadoras (que en este caso, son también directoras de la película participativa) expresar sus sentimientos, improvisar, especular y más allá, en plena praxis artística (véase también Truman 2021). Esta es la etapa de la coproducción de conocimientos y la cocreación de una película final que más tiempo requiere, pero también es la más importante. Es en el proceso de revisión y discusión del material de audio-visual donde las investigadoras profesionales y las coinvestigadoras comparten conocimientos, discuten al respecto, y analizan los "datos" de forma colectiva.

Después de 6 meses de filmación y talleres relacionados, iniciamos la fase de edición, que fue la última fase de trabajo a distancia. Durante este tiempo, nos centramos en reunir material de video para coproducir el documental final. Aunque seguimos realizando ciclos de acción-reflexión que nos permitieron agregar más material de video cuando fue necesario, en esta etapa nos dedicamos principalmente a elegir y decidir el orden en el que se implementaría el material de video y cómo debería mostrarse la historia que las coinvestigadoras querían contar. Para cuando comenzamos a editar la película final, ya habíamos revisado en línea el material de video coproducido con las coinvestigadoras y directoras, varias veces. Para decidir el orden y la historia de la película, clasificamos el material de video en temas generales, y las coinvestigadoras y directoras desarrollaron una guía dirigida a los cineastas, para que lo editaran según la historia que ellas querían contar. Es recién en esta etapa donde asignamos un nombre claro a las tres partes: desplazamiento, retos urbanos y esperanzas para el futuro, los tres temas principales de los que trata esta película. Una vez establecido y decidido el argumento, los cineastas del Reino Unido y Colombia editaron la película final por etapas, solicitando comentarios y opiniones de las coinvestigadoras y directoras, hasta completar el primer corte del documental final.

Pese a ello, si bien fue posible editar a distancia un primer corte de la película siguiendo las guías de las coinvestigadoras, también sentimos las limitaciones de estar restringidas a un espacio en línea que, finalmente, no puede compensar plenamente las actividades y talleres de investigación-acción participativa presenciales. Para las mujeres, fue especialmente difícil seguir la secuencia de la película en la pantalla de su teléfono inteligente en la medida suficiente para tomar decisiones informadas con respecto a la edición, como también la toma de decisiones colectivas basadas en las conversaciones en torno a los temas delicados que abordaba el documental. Por consiguiente, decidimos organizar talleres presenciales en enero y febrero de 2022, cuando se nos permitió viajar del Reino Unido a Colombia otra vez, debido al alza de las restricciones establecidas debido a la pandemia.

Pasar de una forma a distancia a una forma híbrida

Los talleres de investigación a distancia se realizaron hasta fines de 2021. Para entonces, como se indicó anteriormente, ya teníamos un primer corte del documental final. Sin embargo, ver una película de 20 minutos de duración en la pantalla pequeña de un teléfono inteligente es mucho más difícil que hacerlo en la pantalla de un computador o de un proyector. Considerando que la realización cinematográfica y el cine son una experiencia compartida, y que nosotras lo desarrollamos de forma colectiva en todo momento, necesitábamos tomar juntas ciertas decisiones de edición sobre temas de naturaleza bastante delicada, relacionados con las experiencias de violencia que enfrentaron las mujeres debido a su desplazamiento, como también en sus ciudades.

Hablar en línea sobre temas delicados como el desplazamiento, la violencia y el trauma también había resultado difícil. Las principales razones por las que hacerlo en línea fue un desafío son, en primer lugar, que son temas muy personales para las coinvestigadoras y directoras. Cada una de ellas tiene sus propias experiencias y conocimientos que aportar a la investigación y a la película final. Sin embargo, el espacio en línea no permitía generar un espacio de discusión equilibrado en el que cada mujer sintiera que podía participar y compartir en igual medida. Algunas mujeres seguían teniendo dificultad con la tecnología, lo que no les permitía aportar a la discusión en la misma medida que otras. Pese a esto, de acuerdo con los principios de investigación-acción, dar un espacio para hablar y aportar a cada una de las coinvestigadoras era algo esencial. Además, incluso cuando se domina la tecnología de la sala de reuniones en línea, esta solo permite que hable una persona a la vez, lo que dificulta el intercambio inmediato de comentarios entre las coinvestigadoras y, en consecuencia, que se genere una discusión fluida. Debido a ello, en lugar de permitir una coproducción de conocimientos invaluables con cada una de las coinvestigadoras o directoras, los temas quedaban dominados por aquellas que conseguían habilitar el micrófono primero y, para empezar, se sentían más seguras hablando en el espacio en línea. Esto, a su vez, hacía bastante difícil actuar como facilitadoras en dichos espacios. Por lo tanto, lo que se necesitaba era un espacio en el que las mujeres pudieran aprovechar los aportes de las demás y en el que también fuera posible dar y recibir retroalimentación a través del lenguaje corporal, algo que es extremadamente importante para facilitar la discusión.

Otra dificultad a la que nos enfrentamos al trabajar solo en un espacio en línea fue la de la confianza. Aunque ya llevábamos varios meses colaborando en línea, hubo temas que no se abordaron en esta modalidad. Hablar sobre las experiencias de violencia perpetrada por grupos armados que las obligó a desplazarse resulta difícil para algunas mujeres en general, pero además algunas de ellas sienten que aún es peligroso compartir lo que han vivido de forma tan explícita. Los grupos armados siguen existiendo en sus entornos urbanos y, como dijo una de las coinvestigadoras en un taller presencial tiempo después: *"Una no sabe quién es quién. Y una debe estar consciente de que la ciudad está llena de paramilitares y guerrillas"* (Marzi y Pain 2024: 9). Al decirlo, insinuaba que los grupos armados que amenazaban a las mujeres en su lugar de origen ahora están presentes en los barrios urbanos donde viven. Por lo tanto, había una barrera de confianza en relación con lo que podían decir en un espacio en línea al conversar entre ellas y, especialmente, con nosotras, las investigadoras y cineastas profesionales del Reino Unido y Colombia. Finalmente, Sonja Marzi, la directora del proyecto en el Reino Unido, es una investigadora europea blanca que está sentada al otro lado de la pantalla, muy lejos. Incluso la confianza entre las coinvestigadoras y el equipo de investigación profesional independiente de Colombia requirió una interacción cara a cara para seguir creciendo, dado que el hecho de ser de un mismo país no implica necesariamente una relación de confianza privilegiada. En este caso también son importantes las diferencias interseccionales, ya que estas las sitúan en diferentes posiciones de poder en el contexto colombiano.

Habríamos preferido reunir a las 24 mujeres de ambas ciudades en un mismo lugar físico, pero no contábamos con fondos suficientes para cubrir los costos. En su lugar, llevamos a cabo talleres presenciales con las coinvestigadoras en Bogotá y Medellín por separado, pero con Sonja y todo el equipo de investigación colombiano presentes durante su realización en cada ciudad.

Al comienzo de estos talleres, ya que era la primera vez que se veían en persona, dedicamos un tiempo a que interactuaran y establecieran una relación de confianza que fuera más allá del espacio en línea. Luego, llevamos a cabo actividades participativas para explorar lo que las coinvestigadoras sentían que habían dejado atrás al abandonar su lugar de origen, así como lo que encontraron cuando llegaron a la ciudad. A continuación nos dedicamos a abordar temas sobre cómo seguir adelante una vez en la ciudad y las dificultades a las que se enfrentan para hacerlo, y posteriormente conversamos sobre las formas de resistencia y de activismo de las mujeres desplazadas. Estos ejercicios incluían actividades de trabajo grupal, discusiones, ilustraciones y pequeñas presentaciones, además de actividades audiovisuales como la creación y filmación de obras de teatro breves. Aunque ocuparon mucho tiempo y fueron intensos a nivel emocional, estos ejercicios fueron importantes para explorar el tema del desplazamiento en mayor detalle y también para que las mujeres pudieran compartir sus propias vivencias en un espacio más íntimo y en un ambiente de confianza. Por último, en la segunda parte de los talleres presenciales, nos concentramos en la película final: volvimos a ver juntas la versión que teníamos entonces en una pantalla de proyector y tomamos las decisiones finales de edición basándonos en el trabajo que habíamos hecho tanto a distancia como de forma presencial. Además, el hecho de compartir un mismo espacio geográfico con las coinvestigadoras permitió a la directora del proyecto, Sonja Marzi, entrevistarlas en persona y recabar sus historias de vida en los días cercanos a los talleres. Estas entrevistas no solo aportaron vivencias personales sobre desplazamiento y asentamiento en la ciudad al material cocreado con el que ya contábamos, sino que también nos ayudaron a establecer más confianza, ya que brindaron un espacio de diálogo personal más cercano.

Al finalizar los días de talleres presenciales, las mujeres mencionaron lo importante que era para ellas tener una interacción personal y la oportunidad de conocerse de este modo, en lugar de hacerlo solo tras una pantalla. Describieron los beneficios de forjar relaciones de confianza duraderas y de poder mirarse mutuamente a los ojos al compartir sus experiencias de desplazamiento y coproducir conocimiento en torno a ellas. Dijeron que no sabían qué pensar sobre la directora del proyecto, Sonja Marzi, antes de conocerla en persona. Una de las coinvestigadoras incluso lo planteó de esta manera: "Al principio pensé que usted era un poco arrogante, como los profesores de allá son a veces; pero no, para nada, es muy amable y me cae muy bien ahora".

Esto confirma que los espacios de investigación en línea tienen limitaciones importantes, especialmente cuando la investigación aborda temas que requieren una confianza estrecha entre todos los coinvestigadores, incluido el equipo de investigación profesional.

Participación y poder en procesos de investigación a distancia/híbrida

Aunque abogamos por los enfoques participativos para la investigación en general, y hemos escrito este libro con el objetivo de que sirva de ayuda a otras personas interesadas en hacer un tipo de investigación similar, no queremos presentar nuestras experiencias como si estuvieran exentas de las críticas y problemáticas serias que otros han señalado (Kindon 2011; Lenette 2022; People's Knowledge Editorial Collective 2016; Tuck y Yang 2012). LA IAP está entrelazada con relaciones de poder, y no solo se presta a un uso indebido, sino que también se utiliza con frecuencia de maneras que contradicen sus orígenes comunitarios (Kindon, Pain, y Kesby 2025), tanto dentro del ámbito académico como fuera de él. Creemos que esto es especialmente cierto en el Norte global, pero los testimonios escritos a menudo tienden a encubrir o "suavizar" las tensiones, los conflictos y las contradicciones que muchos proyectos conllevan y enfrentan (Pain y Francis 2003). Desde que empezaron a aplicarse enfoques participativos en las prácticas de investigación del Norte global, ha habido críticas recurrentes a las formas en las que estas pueden reflejar las lógicas del modelo de desarrollo (Mohan 1999). Estas críticas surgen en paralelo a los cuestionamientos generados por el anterior despliegue del desarrollo participativo por parte de ONG e instituciones globales como el Banco Mundial (Cooke y Kothari 2001). El argumento plantea que, una vez que organismos poderosos se hicieron cargo, la IAP perdió su compromiso e impulso iniciales como herramienta de liberación para las comunidades más marginadas. Por el contrario, a menudo se la "absorbe" y termina reforzando el *statu quo* (Hickey y Mohan 2004; Kapoor 2004).

Estos relatos poscoloniales, sumados a la IAP feminista, volvieron a hacer hincapié en los principios originales de este enfoque (véase el capítulo 1) y abogan por versiones más equitativas, que presten atención plena al abuso, la circulación y el potencial del poder (Kesby 2007; Kindon 2011; Maguire 1987). Recientemente, el resurgimiento del trabajo indígena, negro y poscolonial vuelve a poner de relieve las raíces de la investigación participativa, en la que los proyectos de investigación-acción se originan en comunidades con experiencia y son controlados por ellas (Akom 2016; Chan 2023; Lenette 2022; Tuck y Guishard 2013). Como planteamos en el capítulo 1, reconocer estos orígenes de la IAP es especialmente importante para un proyecto transnacional como el nuestro, que abarca el Norte global y el Sur global. De hecho, la IAP fue desarrollada, y probablemente nombrada por primera vez, en Colombia, con el trabajo de Orlando Fals-Borda (capítulo 1). Por lo tanto, los proyectos de investigación como este, especialmente aquellos cuyo financiamiento proviene de colaboradores del Reino Unido, suscitan una sospecha razonable de que los investigadores principales "explotan" el enfoque de la IAP y luego lo reexportan en un nuevo formato neoliberalizado ... una lógica paradójicamente colonial. El capítulo 1 también profundizó en la promesa de aplicar un marco decolonial al trabajo de IAP, basándose en las críticas de Quijano (2007) a la lógica colonial presente en las relaciones de poder/conocimiento, y describió las deficiencias de la "IAP blanqueada" (Lennette 2022; Tuck y Yang 2011).

Creer que la metodología y las prácticas de investigación que hemos utilizado en nuestro proyecto nos permitieron sortear o neutralizar por completo estas políticas de producción del conocimiento sería algo ingenuo. En este proyecto de investigación adoptamos un enfoque de investigación-acción participativa, feminista y decolonial, como se menciona en el capítulo 1. La elección de un proceso de investigación de IAP coproducida no solo se basa en su metodología, sino que también refleja una epistemología específica y una ontología basada en principios feministas y decoloniales de colaboración, participación y reparto del poder. A lo largo del proyecto, intentamos aplicar una mirada reflexiva y crítica a estos esfuerzos, en lugar de imaginar o dar por sentado que en este sentido nuestras prácticas siempre tendrían buenos resultados. En segundo lugar, nuestro proyecto constituye una colaboración entre países e instituciones del Norte global (Reino Unido) y el Sur global (Colombia), lo que incrementa el riesgo clave de reproducir las relaciones coloniales por medio de la investigación. Aunque, desde luego, no prometemos haber sorteado todos estos riesgos inherentes, diseñamos la investigación de principio a fin con el objetivo de inspirarnos en los principios de la producción decolonial de conocimientos y en los orígenes latinoamericanos de la Investigación Acción Participante (Smith 2021; Sultana 2019; Freire 1970; véase Fals-Borda 1987).

En este proyecto participan un gran número de coinvestigadoras de dos continentes diferentes, con distintas situaciones profesionales, sociales y económicas. Entre ellas se incluyen personal académico del Reino Unido (donde se obtuvo el financiamiento para la investigación) y de Colombia, una empresa cinematográfica independiente, cineastas colombianas, activistas comunitarias y mujeres desplazadas, la mayoría de las cuales viven en una situación de relativa pobreza y se dedican al trabajo remunerado informal. La mayoría de nosotras nos identificamos como mujeres (excepto los dos hombres de la empresa cinematográfica); sin embargo, esto casi no tiene incidencia en las diferencias geográficas, de nacionalidad, de raza, de clase, de ingresos, de idioma y de orientación sexual que nos dividen. El hecho de que la mayor parte de la investigación se hubiese realizado a distancia, y de que la única persona involucrada que viajó entre ambos países para investigar tanto en persona como a distancia fue nuestra investigadora principal, Sonja, deja en evidencia y amplifica las geometrías de poder en las que se enmarca este proyecto. Y, por supuesto, estas geometrías no son algo único. Por el contrario, son habituales cuando los profesionales del ámbito académico del Norte global obtienen un financiamiento que les permite trabajar con otros investigadores y participantes en lugares del Sur global (véase Cornish *et al.* 2023).

Esta afirmación es un reconocimiento no solo de nuestras diferencias individuales, que pueden generar retos en torno al lenguaje, la cultura, aspectos económicos, la forma de entender lo que estamos haciendo y por qué lo hacemos, entre otros. También es un reconocimiento de las desigualdades estructurales que a menudo enmarcan aquello que podríamos denominar el "orden mundial para una investigación neoliberal". Otras personas, entre las que se encuentra el geógrafo Lawrence Berg (2012), han hablado sobre una hegemonía angloamericana en la producción de conocimientos, pero nosotras consideramos que la red de relaciones jerárquicas es más amplia de lo que esto sugiere. Este orden mundial suele colocar a los socios de una investigación en posiciones desiguales desde el principio, ya que otorga más recursos, estatus y control intelectual y financiero a los socios académicos del Norte global. Lógicamente, nadie querría identificar su práctica o ética profesional como susceptible de manipulación, coerción y abuso.

Sin embargo, lo que queremos decir aquí es que, una vez en el terreno, es muy fácil que la práctica caiga en estos patrones, independientemente de la promesa de aplicar elevados estándares éticos y prácticas igualitarias. Además, debemos tener claro que la coerción no es un problema que afecte solo a los proyectos dirigidos por hombres blancos de mayor edad con contrato indefinido en entidades académicas de elite del Norte global. Estos patrones también pueden ser reproducidos por profesionales académicos de diversa índole y de menor jerarquía, así como por personas que se encuentran fuera del Norte global e interactúan con las comunidades durante la investigación. Sin embargo, dado que ocupamos distintas posiciones interseccionales en la vida real, también están entrelazados. La misma Sonja, que fue la investigadora principal y responsable de dirigir el proyecto y garantizar los resultados obtenidos, ocupaba a la vez una posición compleja en cuanto al poder: como profesora júnior con contrato temporal durante la mayor parte del proyecto, vivió la precarización y, en ocasiones, la subestimación que afectan cada vez más a este tipo de funciones en el ámbito académico. Por otro lado, su dominio del español, su disposición a escuchar y su profundo conocimiento del contexto colombiano, adquirido durante su investigación en el país muchos años antes de iniciar este proyecto, eliminaron una barrera clave y ayudaron a establecer una relación de confianza y respeto mutuo con el equipo y las coinvestigadoras colombianas.

Es esencial que todos los investigadores, especialmente aquellos que ocupan posiciones de privilegio en esta jerarquía global, reflexionen de forma crítica no solo sobre sus prácticas, sino también sobre la configuración de los proyectos de investigación como el nuestro y el modo en el que se ejecutan. La ética y la práctica de la investigación feminista y decolonial nos fueron de gran utilidad a la hora de diseñar nuestro proyecto y fundamentar nuestras decisiones, dentro de las limitaciones institucionales de las que formamos parte. Por ejemplo, a la hora de elegir métodos que ayudaran a enfocar las voces de las mujeres participantes, que suelen ser marginadas (Moss, Falconer Al-Hindi, y Kawabata 2002), de adoptar los modos de colaboración feministas en todas nuestras prácticas e interacciones de trabajo (Gilbert y Masucci 2008), y de asumir un entendimiento general compartido de que nuestras coinvestigadoras ya viven la política y la ética en las que deseamos basar nuestra producción de conocimientos (Nagar 2019). En otras palabras, fue su experiencia la que dirigió nuestra investigación y sus preguntas, tal y como se ha señalado en otras partes de este capítulo.

Específicamente en el caso de la IAP feminista, un artículo reciente del equipo diverso encabezado por Flora Cornish *et al.* (2023) sugiere una serie de medios productivos para contrarrestar los desafíos de poder/ conocimiento propios de los proyectos IAP. Las sugerencias consisten en generar redes de personas e infraestructuras que apoyen la IAP, cultivar una comunidad crítica que les exija responsabilidad, utilizar la reflex- ividad crítica, redistribuir los poderes y aprender a confiar en el proceso. También abogan por la colaboración con movimientos sociales "que exigen la reparación de las desigualdades y el reconocimiento de la experiencia local". Estos puntos son un buen reflejo del modo en el que intentamos trabajar juntas en nuestro proyecto.

Otro aspecto importante de un enfoque de investigación feminista, cuando la violencia es una parte central de las experiencias de las participantes (como se explica en el capítulo 5, la violencia es una característica de muchos de los relatos de nuestras coinvestigadoras), consiste en encontrar formas de trabajar que tengan en cuenta el trauma. Cuando se trabaja a distancia, como hicimos en nuestros primeros talleres, donde las coinvestigadoras no se conocían entre ellas ni al equipo en general, el riesgo de inseguridad y de sufrir un trastorno de estrés postraumático (TEP) parece ser incluso mayor que cuando se realiza una investigación cualitativa presencial. Debido a esto, diseñamos sesiones dirigidas únicamente a mujeres, que facilitaban cuidadosamente el desarrollo gradual de la confianza antes de compartir estas historias, con unas reglas claras básicas de apoyarse mutuamente a través de los relatos que se compartieran. Como también destaca Lennette (2022), el uso de los enfoques basados en el trauma en la IAP tiene un gran potencial, con su énfasis en la construcción de relaciones y la ética relacional que protege a investigadores y participantes (Cahill 2007a). Inevitablemente, en proyectos de este tipo, y especialmente (en nuestra experiencia) en el contexto de espacios de inves- tigación exclusivos para mujeres, las participantes empezaron rápidamente a apoyarse mutuamente, dentro y fuera de los talleres y de las interacciones formales de investigación en línea (véase Pain, 2022, para un ejemplo de IAP basada en el trauma).

Anteriormente habíamos notado que la participación de algunas mujeres era limitada cuando trabajábamos con ellas sólo en línea; puede hacer falta más valor para hablar en línea que cuando estamos todos sentados alrededor de una mesa, donde pueden hablar entre sí y darse confianza. Además, cuando el "equipo de investigación" y los cineastas del Reino Unido organizan y facilitan la llamada por Zoom, esto puede reflejar las relaciones coloniales. Hay una brecha tecnológica, como también una brecha geográfica y, dado que los cineastas del Reino Unido eran hombres, incluso una brecha de género.

En lo que respecta a nuestro enfoque híbrido —cuando Sonja viajó a Colombia para realizar tareas de seguimiento con las coinvestigadoras, tanto en forma de talleres adicionales como de entrevistas en profundidad—, los retos éticos siguieron existiendo, pero, en general, las cosas se hicieron más fáciles gracias a las sólidas relaciones de confianza establecidas. Las coinvestigadoras habían asumido el control de la investigación-cocreación, y se sentían motivadas para trabajar juntas y forjar los resultados (la película documental, animaciones, etc.). Con Sonja, sentían un lazo de amistad estrecho, pero, al mismo tiempo, se referían a ella como "la profesora a cargo". Pese a nuestros intentos por neutralizar o igualar el poder en estos encuentros, esto resultó tener algunos límites.

No obstante, creemos que una de las fortalezas de nuestro enfoque híbrido radica, precisamente, en la oportunidad de desafiar estos desequilibrios de poder, al menos en cierta medida. Un enfoque híbrido tiene el potencial de convertirse en una forma a largo plazo de lograr una coproducción de conocimientos con coinvestigadores, especialmente en el caso de investigaciones de carácter transnacional que incluyan el Sur global y el Norte global (Marzi y Tarr 2023). Finalmente, el haber trabajado juntas a distancia durante diez meses antes de comenzar las actividades de investigación presenciales en enero y febrero de 2022 es lo que nos permitió desarrollar relaciones sólidas de mucha confianza entre las coinvestigadoras, las investigadoras profesionales colombianas y la investigadora principal del Reino Unido, Sonja. Esta confianza creció cuando nosotras, como investigadoras de universidades del Norte global, no "desaparecimos" una vez que "recopilamos los datos", sino que, por el contrario, seguimos coproduciendo conocimientos, solicitando opiniones y manteniendo la conexión a distancia. Mientras se escribe este libro, e incluso después, Sonja sigue reuniéndose en línea con las coinvestigadoras cada tantos meses. Primero, porque lo estamos escribiendo de forma colaborativa y las opiniones y comentarios de las coinvestigadoras son parte esencial de este proceso, pero también lo hacemos para preguntarles si están bien, celebrar el fin de año y saber si podrían volver a reunirse en el futuro.

Enfoques híbridos de investigación participativa: orientaciones futuras

Por último, queremos reflexionar sobre el potencial que ofrece un enfoque de investigación participativa híbrido, que combina actividades de investigación presenciales y a distancia, como forma a largo plazo de lograr una coproducción de conocimientos con coinvestigadores y participantes, y también sobre las posibles direcciones que podría tomar esta metodología. La investigación híbrida permite establecer relaciones de investigación transnacionales a largo plazo que respondan a la demanda de evitar investigaciones que sean explotadoras y extractivas, y que reduzcan los desplazamientos por motivos ambientales. En otra sección explicamos (Marzi y Tarr 2023) por qué es necesario centrarse más en aprovechar las ventajas de combinar actividades presenciales y a distancia, y por qué estas metodologías podrían consolidarse. Por lo tanto, entendemos el enfoque de investigación híbrida como la combinación de actividades de investigación en línea o a distancia con actividades presenciales y, como también demuestran Horn y Casagrande (2023) en su enfoque de video participativo híbrido, como algo complementario.

Como planteamos en el capítulo 1, existe una necesidad apremiante de implementar estos innovadores diseños de investigación híbrida y, especialmente, de poner en práctica una forma de investigación transnacional más sostenible y adaptable, especialmente en contextos de disturbios y crisis actuales y futuros. La pandemia mundial de la Covid-19 nos obligó a desarrollar rápidamente nuevas maneras de abordar la investigación cualitativa en línea (p. ej., Howlett 2021; Keen, Lomeli-Rodriguez, y Joffe 2022; Kim *et al.* 2021). Sin embargo, en el caso de las investigadoras participativas, si bien hemos logrado salvar la distancia geográfica gracias a la interacción en línea con las participantes, en este capítulo señalamos que descubrimos que los espacios en línea no pueden compensar plenamente las actividades de investigación participativa presenciales. Esto se aplica tanto a la calidad de los "datos" como al desarrollo de relaciones de confianza, especialmente cuando se abordan temas delicados, como la violencia. Asimismo, entendemos que las innovaciones metodológicas creadas durante la pandemia no deben descartarse, ya que no solo han demostrado tener beneficios a corto plazo, sino que también podrían tenerlos a largo plazo; por ejemplo, la capacidad de reducir la huella de carbono de los investigadores y mejorar la inclusión (p. ej., de investigadores y participantes con responsabilidades asistenciales). Los diseños de investigación participativa híbrida que incluyen la investigación en línea y "en persona" podrían combinar las ventajas de ambos enfoques (Horn y Casagrande 2023; Marzi y Tarr 2023).

Los beneficios para los investigadores comprenden prioridades tanto éticas como prácticas. En primer lugar, las metodologías híbridas garantizan el futuro de los proyectos de investigación, dado que la interrupción de los viajes y del contacto social presencial se ha normalizado debido a emergencias y a la crisis climática, lo que afecta especialmente (pero no exclusivamente) a las colaboraciones de investigación transnacionales entre el Norte y el Sur global, como la nuestra. En segundo lugar, también son muy valiosas en contextos de violencia e inseguridad, donde puede resultar difícil que los investigadores accedan al terreno, tanto por motivos de seguridad como de ética o logística. En tercer lugar, el creciente respaldo a la descolonización de las prácticas de investigación mediante la valoración del conocimiento local (Rodríguez Castro 2021; Smith 2012; Tuck y Yang 2012) es uno de los motores de nuestro desarrollo de una metodología participativa híbrida, la que permite una mayor colaboración transnacional y, por consiguiente, aspira a transformar de manera más sostenible el poder dentro del proceso de investigación, además de posibilitar el desarrollo de compromisos de investigación más éticos y a largo plazo (véase Knott, 2019; Mason, 2021). En cuarto lugar, las restricciones de financiamiento que limitan las oportunidades de viajar y hacer trabajo en terreno, combinadas con la inflación y los costos de energía en alza, hacen cada vez más difícil llevar a cabo una investigación participativa transnacional a largo plazo, especialmente para investigadores que inician su carrera.

En quinto lugar, esta capacidad de permanecer "en terreno" mediante un enfoque híbrido, parcialmente digital, podría permitir una recopilación de datos cualitativos más ética y rigurosa, y, por ende, la cocreación de conocimientos. Además, permite que los participantes confíen en que los investigadores no "desaparecerán" cuando finalicen las actividades de investigación presenciales. Actualmente, seguimos conectándonos con nuestras coinvestigadoras varias veces al año, a distancia. En sexto lugar, la investigación híbrida ofrece procesos de investigación más inclusivos, ya que permite a los participantes elegir cuándo y cómo participar. Esto fue especialmente importante en el caso de nuestras coinvestigadoras, que tienen poco tiempo y deben compaginar trabajo, labores de cuidados y responsabilidades comunitarias (véase también Horn y Casagrande, 2023). En séptimo lugar, permite salvar las distancias geográficas, dado que reduce el tiempo de viaje de los participantes y posibilita la interacción entre grupos que no pueden reunirse en persona. En nuestro proyecto, nuestras coinvestigadoras estaban en dos ciudades de Colombia, y las investigadoras estaban incluso en diferentes países: Colombia y el Reino Unido.

Por último, la metodología híbrida facilita la inclusión continua de los participantes en el análisis y la difusión de datos una vez finalizada la investigación presencial, lo que puede dar lugar a prácticas de investigación de mayor impacto que beneficien a los participantes durante y después del proceso de investigación. Permite responder mejor a las aspiraciones y necesidades de los participantes y, al mismo tiempo, coproducir conclusiones más exhaustivas.

References

Akom, Antwi AA. 2016. 'Black Emancipatory Action Research: Integrating a Theory of Structural Racialisation into Ethnographic and Participatory Action Research Methods'. In *Race, Ethnography and Education*, 113–132. Routledge.

Beebeejaun, Yasminah, Catherine Durose, James Rees, Joanna Richardson, and Liz Richardson. 2013. '"Beyond Text": Exploring Ethos and Method in Co-Producing Research with Communities'. *Community Development Journal* 49 (1): 37–53. doi:10.1093/cdj/bst008.

Berg, Lawrence D. 2012. 'Geographies of Identity I: Geography – (Neo) Liberalism – White Supremacy'. *Progress in Human Geography* 36 (4): 508–517. doi:10.1177/0309132511428713.

Bocarejo, Juan Pablo, Ingrid Joanna Portilla, Juan Miguel Velásquez, Mónica Natalia Cruz, Andrés Peña, and Daniel Ricardo Oviedo. 2014. 'An Innovative Transit System and Its Impact on Low Income Users: The Case of the Metrocable in Medellín'. *Journal of Transport Geography* 39 (July): 49–61. doi:10.1016/j.jtrangeo.2014.06.018.

Cahill, Caitlin. 2007a. 'Repositioning Ethical Commitments: Participatory Action Research as a Relational Praxis of Social Change'. *ACME: An International Journal for Critical Geographies* 6 (3): 360–373.

Cahill, Caitlin. 2007b. 'The Personal Is Political: Developing New Subjectivities through Participatory Action Research'. *Gender, Place & Culture* 14 (3): 267–292. doi:10.1080/09663690701324904.

Chan, Si Long. 2023. 'Contested Spaces of Homelessness and Houselessness: Challenging Epistemic Violence with Lived Experiences and through the Arts'. *PhD Thesis, Newcastle University*.

Cooke, Bill, and Uma Kothari. 2001. *Participation: The New Tyranny?* Zed books.

Cornish, Flora, Nancy Breton, Ulises Moreno-Tabarez, Jenna Delgado, Mohi Rua, Ama de-Graft Aikins, and Darrin Hodgetts. 2023. 'Participatory Action Research'. *Nature Reviews Methods Primers* 3 (1): 34. doi:10.1038/s43586-023-00214-1.

Davila, Julio. 2013. *Urban Mobility and Poverty: Lesson from Medellin and Soacha, Colombia*. Medellin: Development Planning Unit, UCL.

Fals-Borda, Orlando. 1987. 'The Application of Participatory Action-Research in Latin America'. *International Sociology* 2 (4): 329–347. doi:10.1177/026858098700200401.

Freire, Paulo. 1970. *Pedagogy of the Oppressed*. New York: Continuum.

Gilbert, Melissa R, and Michele Masucci. 2008. 'Reflections on a Feminist Collaboration'. *Feminisms in Geography: Rethinking Space, Place, and Knowledges*. Rowman & Littlefield Publishers, 237.

Hickey, Sam, and Giles Mohan. 2004. 'Towards Participation as Transformation: Critical Themes and Challenges'. *Participation: From Tyranny to Transformation? Exploring New Approaches to Participation in Development*. Zed Books: London, UK, 3–24.

Horn, Philipp, and Olivia Casagrande. 2023. 'Achieving Co-Presence When Together and Apart: Hybrid Engagements and Multi-Modal Collaborative Research with Urban Indigenous Youth'. *Qualitative Research*, May, 0. doi:10.1177/14687941231176942.

Howlett, Marnie. 2021. 'Looking at the "Field" through a Zoom Lens: Methodological Reflections on Conducting Online Research during a Global Pandemic'. *Qualitative Research* 1 (16). https://journals.sagepub.com/doi/abs/10.1177/1468794120985691.

Johansson, Lars, Verena Knippel, Dominick de Waal, and Farida Nyamachumbe. 1999. 'Questions and Answers about Participatory Video'. *Forests Trees and People Newsletter*, 35–40.

Kapoor, Ilan. 2004. 'Hyper-self-reflexive Development? Spivak on Representing the Third World "Other"'. *Third World Quarterly* 25 (4): 627–647. doi:10.1080/01436590410001678898.

Keen, Sam, Martha Lomeli-Rodriguez, and Helene Joffe. 2022. 'From Challenge to Opportunity: Virtual Qualitative Research During COVID-19 and Beyond'. *International Journal of Qualitative Methods* 21 (January). SAGE Publications Inc: 16094069221105075. doi:10.1177/16094069221105075.

Kesby, Mike. 2007. 'Spatialising Participatory Approaches: The Contribution of Geography to a Mature Debate'. *Environment and Planning A: Economy and Space* 39 (12): 2813–2831. doi:10.1068/a38326.

Kim, Jaymelee J, Sierra Williams, Erin R Eldridge, and Amanda J Reinke. 2021. 'Digitally Shaped Ethnographic Relationships during a Global Pandemic and Beyond'. *Qualitative Research* 0 (0): 14687941211052275. doi:10.1177/14687941211052275.

Kindon, Sara. 2003. 'Participatory Video in Geographic Research: A Feminist Practice of Looking?' *Area* 35 (2): 142–153. doi:10.1111/1475-4762.00236.

Kindon, Sara. 2011. 'Participation'. In *The SAGE Handbook of Social Geographies*. London: Sage.

Kindon, Sara. 2016. 'Participatory Video as a Feminist Practice of Looking: "Take Two!"' *Area* 48 (4): 496–503. doi:10.1111/area.12246.

Kindon, Sara, Rachel Pain, and Mike Kesby. 2025. 'Critically Engaging Participatory Action Research'. In *Critically Engaging Participatory Action Research*, 1–29. Routledge.

Knott, Eleanor. 2019. 'Beyond the Field: Ethics after Fieldwork in Politically Dynamic Contexts'. *Perspectives on Politics* 17 (1). Cambridge University Press: 140–153. doi:10.1017/S1537592718002116.

Lenette, Caroline. 2022. *Participatory Action Research: Ethics and Decolonization*. Oxford University Press.

Lozano Lerma, Betty Ruth. 2022. 'Social Uprising, Racism, and Resistance in Cali's National Strike'. *South Atlantic Quarterly* 121 (2): 425–434.

Lunch, Nick, and Chris Lunch. 2006. *Insights into Participatory Video: A Handbook for the Field*. InsightShare.

MacEntee, Katie, Casey Burkholder, and Joshua Schwab-Cartas, eds. 2016. *What'sa Cellphilm?: Integrating Mobile Phone Technology into Participatory Visual Research and Activism*. Sense.

Maguire, Patricia. 1987. *Doing Participatory Research: A Feminist Approach*. Amherst: The Centre for International Education, University of Massachusetts.

Marzi, Sonja. 2023a. 'Co-Producing Impact-in-Process with Participatory Audio-Visual Research'. *Area*, no. 55: 295–302. doi:10.1111/area.12851.

Marzi, Sonja. 2023b. 'Participatory Video from a Distance: Co-Producing Knowledge during the COVID-19 Pandemic Using Smartphones'. *Qualitative Research* 23 (3). doi:10.1177/14687941211038171.

Marzi, Sonja, and Rachel Pain. 2022. 'The next REF Should Place Greater Value on the "Impact-in-Process" Generated by Co-Produced Research.' *Impact of Social Sciences Blog*. London School of Economics and Political Science.

Marzi, Sonja, and Rachel Pain. 2024. '"Volviendo a Vivir" (Coming Back to Life): Urban Trauma, Activism and Building Emancipatory Futures'. *Urban Studies*, 00420980231213730. doi:10.1177/00420980231213730.

Marzi, Sonja, and Jen Tarr. 2023. 'Hybrid Research Methods Learned during the Pandemic Present a More Just and Sustainable Future for Participatory Research'. *Impact of Social Sciences Blog*.

Mason, Will. 2021. 'On Staying: Extended Temporalities, Relationships and Practices in Community Engaged Scholarship'. *Qualitative Research*, October. SAGE Publications, 14687941211049318. doi:10.1177/14687941211049318.

Mistry, Jayalaxshmi, and Andrea Berardi. 2012. 'The Challenges and Opportunities of Participatory Video in Geographical Research: Exploring Collaboration with Indigenous Communities in the North Rupununi, Guyana'. *Area* 44 (1): 110–116. doi:10.1111/j.1475-4762.2011.01064.x.

Mistry, Jayalaxshmi, Elisa Bignante, and Andrea Berardi. 2016. 'Why Are We Doing It? Exploring Participant Motivations within a Participatory Video Project'. *Area* 48 (4): 412–418. doi:10.1111/area.12105.

Mitchell, Claudia, Naydene de Lange, and Relebohile Moletsane. 2016. 'Poetry in Pocket: The Cellphilms of South African Rural Women Teachers and the Poetics of the Everyday'. In *What'sa Cellphilm?: Integrating Mobile Phone Technology into Participatory Visual Research and Activism*, edited by Katie MacEntee, Casey Burkholder, and Joshua Schwab-Cartas. Springer.

Mohan, Giles. 1999. 'Not so Distant, Not so Strange: The Personal and the Political in Participatory Research'. *Ethics Place and Environment 2* 1: 41–54.

Moss, Pamela, Karen Falconer Al-Hindi, and Hope Kawabata. 2002. *Feminist Geography in Practice: Research and Methods*. Wiley-Blackwell.

Nagar, Richa. 2019. *Hungry Translations: Relearning the World through Radical Vulnerability*. University of Illinois Press.

Oviedo Hernandez, Daniel, and Julio D. Dávila. 2016. 'Transport, Urban Development and the Peripheral Poor in Colombia — Placing Splintering Urbanism in the Context of Transport Networks'. *Journal of Transport Geography* 51 (February): 180–192. doi:10.1016/j.jtrangeo.2016.01.003.

Pain, Rachel. 2014. 'Impact: Striking a Blow or Walking Together?' *ACME: An International Journal for Critical Geographies* 13 (1): 19–23.

Pain, Rachel. 2022. 'Collective Trauma? Isolating and Commoning Gender-Based Violence'. *Gender, Place & Culture* 29 (12): 1788–1809. doi:10.1080/0966369X.2021.1975103.

Pain, Rachel, and Peter Francis. 2003. 'Reflections on Participatory Research'. *Area* 35 (1): 46–54. doi:10.1111/1475-4762.00109.

Pain, Rachel, Mike Kesby, and Kye Askins. 2011. 'Geographies of Impact: Power, Participation and Potential'. *Area* 43 (2): 183–188. doi:10.1111/j.1475-4762.2010.00978.x.

Pearce, Jenny. 2010. 'Co-Producing Knowledge Critical Reflections on Researching Participation'. In *Participation and Democracy in the Twenty-First Century City. Non-Governmental Public Action*, edited by Jenny Pearce. London: Palgrave Macmillan.

People's Knowledge Editorial Collective. 2016. *People's Knowledge and Participatory Action Research: Escaping the White-Walled Labyrinth*. Rugby: Practical Action Publishing Ltd. https://doi.org/10.3362/9781780449395.

Quijano, Aníbal. 2007. 'Coloniality and Modernity/Rationality'. *Cultural Studies* 21 (2–3). Taylor & Francis: 168–178.

Rodriguez Castro, Laura. 2021. *Decolonial Feminisms, Power and Place: Sentipensando with Rural Women in Colombia*. Springer.

Rouhani, Leva. 2019. 'Using Digital Storytelling as a Source of Empowerment for Rural Women in Benin'. *Gender & Development* 27 (3): 573–586. doi:10.1080/13552074.2019.1664140.

Shaw, Jacqueline. 2016. 'Emergent Ethics in Participatory Video: Negotiating the Inherent Tensions as Group Processes Evolve: Emergent Ethics in Participatory Video'. *Area* 48 (4): 419–426. doi:10.1111/area.12167.

Smith, Linda Tuhiwai. 2012. *Decolonizing Methodologies: Research and Indigenous Peoples*. Zed Books Ltd.

Smith, Linda Tuhiwai. 2021. *Decolonizing Methodologies: Research and Indigenous Peoples*. Bloomsbury Publishing.

Sultana, Farhana. 2019. 'Decolonizing Development Education and the Pursuit of Social Justice'. *Human Geography* 12 (3). SAGE Publications: 31–46. doi:10.1177/194277861901200305.

Truman, Sarah E. 2021. *Feminist Speculations and the Practice of Research-Creation: Writing Pedagogies and Intertextual Affects*. Routledge.

Tuck, Eve, and Monique Guishard. 2013. 'Uncollapsing Ethics: Racialized Sciencism, Settler Coloniality, and an Ethical Framework of Decolonial Participatory Action Research'. In *In Kress, T. M., Malott, C., Porfilio, B. J. (Eds.) Challenging Status Quo Retrenchment: New Directions in Critical Qualitative Research*, 3:27. Information Age Publishing Charlotte, NC.

Tuck, Eve, and K Wayne Yang. 2012. 'Decolonization Is Not a Metaphor'. *Decolonization: Indigeneity, Education & Society* 1 (1).

Vélez-Torres, Irene. 2013. 'Reflections on a Participatory Documentary Process: Constructing Territorial Histories of Dispossession among Afro-Descendant Youth in Colombia'. *Area* 45 (3): 299–306. doi:10.1111/area.12032.

Walsh, Shannon. 2016. 'Critiquing the Politics of Participatory Video and the Dangerous Romance of Liberalism'. *Area* 48 (4): 405–411. doi:10.1111/area.12104.

Wheeler, Joanna. 2009. 'The Life That We Don't Want: Using Participatory Video in Researching Violence'. *IDS Bulletin* 40 (3).

CAPÍTULO 4

El audiovisual como herramienta de transformación

María Fernanda Carrillo Sánchez y
Carolina Dorado Lozano

Este capítulo se propone abordar cómo los métodos y las técnicas audiovisuales pueden servir como herramienta de transformación política y social. Mientras en el anterior capítulo se abordaron las metodologías audiovisuales y participativas principalmente desde perspectivas, epistemologías y ontologías del norte global, en este capítulo cambiamos el foco hacia la influencia que han tenido las metodologías audiovisuales y cinematográficas latinoamericanas, y el modo en que se incluyeron en nuestro proyecto. Estas metodologías incluyen, especialmente, el cine comunitario, que jugó un papel fundamental en el proceso audiovisual participativo desarrollado y aplicado en este proyecto.

Comenzamos este capítulo examinando cómo el cine puede servir como herramienta de resistencia, dando lugar a procesos colaborativos que promueven la concientización política y comunitaria en contextos marcados por la violencia y la injusticia. A continuación, reflexionamos sobre cómo el cine comunitario se ha constituido como una herramienta para la apropiación de los medios de comunicación, la autogestión y la autorrepresentación. Posteriormente exploramos, desde la perspectiva del cine comunitario feminista, cómo el cine puede ser una herramienta de reconstrucción de la memoria, especialmente aquella vinculada a las vivencias del cuerpo de las mujeres y su conexión con el territorio. Finalmente, presentamos cómo "Volviendo a vivir" *(Coming Back To Life)*, la película que coprodujimos en este proyecto, constituye una reconstrucción de la memoria del desplazamiento forzado en Colombia y sirve como una herramienta de transformación para las mujeres participantes y directoras, permitiéndoles forjar relaciones mutuas y empezar a ver sus luchas como algo comunitario y no solo como algo personal.

El cine como herramienta política y comunitaria

En Latinoamérica, el cine se ha constituido como una herramienta fundamental para hacer valer el derecho a la información, resistir frente a la violencia y la desigualdad, y para autorrepresentarse y construir sueños colectivamente.

Representa un ejercicio constante para que las voces "no legitimadas" de las personas excluidas de la sociedad sean escuchadas. Este tipo de cine surge a partir de los movimientos de radios comunitarias, que en América Latina tuvieron sus inicios en la década de los años treinta y, debido a la popularidad que fueron adquiriendo, se extendieron por diferentes países de la región. Debido a su bajo costo y la facilidad de operación, este medio se convirtió en el medio favorito, que podía llegar a un mayor número de personas e incentivaba a participar en su manejo a todas las regiones y a diversas poblaciones con diferente acceso a recursos económicos (Beltran 1996: 8). Así, a finales de los años sesenta la radio se convirtió en una herramienta muy importante para la "educación popular", movimiento creado por el educador brasileño Paulo Freire (1970; 1983; 2001) —inspirado y auspiciado por los sindicatos, movimientos estudiantiles y movimientos campesinos— para construir caminos de emancipación para las clases populares.

Así, la radio se convirtió en una herramienta para llevar programas de alfabetización a comunidades alejadas de las ciudades. Por ejemplo, en Colombia se desarrollaron las Escuelas Radiofónicas Populares con apoyo de la iglesia católica, las cuales aportaron contenido educativo a los sectores más empobrecidos del país. El proyecto pionero de esta iniciativa fue Radio Sutatenza, emisora que nació en 1947 en el Valle de Tenza, un pueblo rural en Boyacá. Esta emisora llevó educación a distancia a cerca de 8 millones de campesinos y marcó el comienzo de una revolución cultural y educativa para el campo colombiano. Este modelo de educación radial se convirtió en referente para muchas emisoras de América Latina (Radio Nacional de Colombia 2017). Durante las décadas de los 60 y 70, en medio de las dictaduras militares y las democracias débiles controladas por las élites, la radio se convirtió en un medio para impulsar la justicia social y en un instrumento de comunicación de la resistencia (Tornay Márquez 2021: 54).

En paralelo, el creciente uso de cámaras de cine en la década de los cincuenta hizo más accesible la narración visual, y la televisión y los medios visuales ganaron cada vez más popularidad como herramientas de comunicación. Con el avance de la tecnología, las cámaras de cine se volvieron más portátiles y permitieron la captura de sonido, transformando así este medio. En este contexto, surge el movimiento del Nuevo Cine Latinoamericano en la década de los sesenta, que se diferencia del cine industrial "neocolonial" al situarse desde una postura crítica frente a la situación política imperante (Mestman and Oubiña 2016). Los cineastas argentinos Solanas y Getino exponen esta posición en el manifiesto *Hacia un tercer cine* (1969), que describe al tercer cine como una forma de acción revolucionaria que apunta a transformar la realidad y difundir ideas de "liberación". Ellos planteaban que este cine tenía "un objetivo mayor, que no es otro que el de someter las abstracciones y las ficciones a las necesidades de iluminar testimonialmente (documentalmente) una situación histórica o una situación política concretas" (Paranaguá 2003: 462).

En este contexto, este tipo de cine político se constituye como una contradicción directa al cine convencional producido por el Estado y las industrias, usando la dialéctica como guía de la construcción narrativa y proponiendo métodos de producción y difusión que se encuentran fuera del modelo industrial capitalista. Este enfoque promueve un "nosotros" (Segato and McGlazer 2018), que constituye un paralelo y enmarca al cine político y militante como una forma de resistencia dentro de los contextos violentos de Latinoamérica. Este sentido colectivo en el cine, se retomará más adelante, desde el enfoque de lo colectivo sobre lo individual del feminismo latinoamericano (Segato and McGlazer 2018). En consecuencia, mediante el desafío a las narrativas históricas ya establecidas, el cine político y militante puso en marcha procesos de transformación. Contextos, personas y cuestiones que anteriormente habían tenido escasa representación comenzaron a aparecer en el cine, a medida que este medio fue convirtiéndose tanto en una herramienta política como en un vehículo de investigación y de expresión (Del Castillo Camargo 2019: 62).

Mediante el uso de metodologías de *Investigación Acción Participante (IAP)*, Marta Rodríguez y Jorge Silva crearon documentales sociales innovadores que en esa época surgían en Latinoamérica. Su forma de trabajo resulta importante para diversos procesos urbanos con las comunidades indígenas y campesinas, dado que proponía "investigar para transformar" y la "praxis como acción política", como planteaban las teorías de IAP de Fals-Borda (1987), y surge del trabajo comprometido de colocar el corazón y la cabeza en el proceso; es decir, *sentipensar* la realidad con las comunidades en contextos de violencia, para construir transformaciones posibles desde la investigación y, en este caso, desde la realización cinematográfica.

Así, desde una mirada marxista y antropológica, Marta Rodríguez y Jorge Silva crearon un cine político y etnográfico sobre la desigualdad urbana y rural en Colombia, usando como estrategias para la reconstrucción de la memoria los testimonios y la puesta en escena, llevada a cabo por los mismos protagonistas de dichas experiencias. Al proyectar las películas a las comunidades representadas, esta práctica también funcionaba como herramienta para concientizar sobre la situación propia de explotación, desigualdad o dominación. Entre estas, se destacan películas como *Chircales* (1966–1971), trabajo por el cual la familia protagonista en el barrio de Tunjuelito, Bogotá, decide renunciar al reconocerse explotada; y *Planas: testimonio de un etnocidio. Las contradicciones del capitalismo* (1971), que explora la masacre de Planas, ocurrida en el Vichada, en los Llanos Orientales de Colombia, y que posteriormente serviría como prueba jurídica. Por ejemplo, en producciones como Campesinos (1973–1975) y *Nuestra voz de tierra y memoria* (1974–1982), que denuncian las problemáticas históricas con la población indígena y campesina, sus protagonistas utilizan la puesta en escena y la poética para narrar y politizar su memoria (véase https://martarodriguez.com.co/index.php/films/ para más información sobre estas películas).

Asimismo, documentales como *Asalto* (1968), *Colombia 70* (1970) y *¿Qué es la democracia?* (1971), del cineasta colombiano Carlos Álvarez, son algunos ejemplos adicionales. Su trabajo fue fuertemente censurado en los años 70, cuando las élites políticas negociaron la alternancia en el poder entre los dos partidos más poderosos (véase el capítulo 2), y es un ejemplo del papel político del cine en la construcción de versiones de la memoria que disputan la memoria hegemónica construida desde los lugares de poder. Realizadas con cámaras de 16 mm y reveladas en laboratorios pequeños y autogestionados, el enfoque político de Álvarez no se limitaba solo al contenido, ya que su proceso técnico era una propuesta política para apropiarse de los medios de producción.

Este cine social y político, que buscaba la coproducción con las comunidades, sentó las bases para el desarrollo de lo que hoy se conoce como cine comunitario y participativo contemporáneo, de lo cual se hablará en la siguiente sección. Así, entre las décadas de 1970 y 1990, varios cineastas militantes del tercer cine latinoamericano, desde una postura de crítica al control convencional sobre los medios de producción, organizaron iniciativas en comunidades indígenas y campesinas en varios países, para así reivindicar la narración de la propia experiencia. Destacan entre ellas el proceso de formación y colaboración en el departamento del Cauca de Marta Rodríguez y Jorge Silva en Colombia (Cruz 2003), el grupo Ukamau en Bolivia a la cabeza de Jorge Sanjinés (1979), los procesos de "transferencia de medios" realizados en México por Luis Lupone (García, 2021), y la producción indígena que constituye Video das Aldeias, liderada por Vincent Carelli en Brasil (Carelli, Echeverría, and Zirión 2016). Estos proyectos, que se caracterizaron por la autorrepresentación, la producción propia por parte de las comunidades y por los ejercicios de reconocimiento en las imágenes, buscaban generar conciencia política de las experiencias y el contexto de las comunidades campesinas e indígenas. De esta manera, la radio comunitaria y el cine político militante se constituyen en América Latina como antecedentes del cine comunitario, proyecto que se apropia de los medios de producción cinematográfica y que busca responder a los objetivos de la comunidad.

Cine comunitario: apropiación, autogestión y autorrepresentación

El cine comunitario busca la apropiación de los medios de producción del cine, para la construcción de la *soberanía audiovisual*. Este enfoque representa, ante todo, un compromiso político que busca democratizar el cine y el medio audiovisual en la región. Impulsa prácticas innovadoras en la formación, producción, exhibición y accesibilidad al cine y la producción cinematográfica, y empodera a los miembros de una comunidad para que sean las y los protagonistas centrales en estos procesos (Benavente 2022). Al promover el derecho a la comunicación —es decir, el acceso e intercambio de información, la libre expresión, la educación y el acceso al conocimiento (MinTic 2021)—, el cine comunitario se vincula estrechamente con el activismo político por el derecho a la información, a la salud, al medio ambiente y a la educación (Molfetta 2017: 22).

Por lo tanto, el cine comunitario no tiene una definición única. Por el contrario, es una práctica orgánica y localizada, ya que cada organización o comunidad va adaptándolo a su territorio y a las necesidades específicas de sus procesos. Esta adaptación rompe con los modelos convencionales y reta a los cineastas a diseñar métodos de producción que promuevan la creación de estéticas propias, pero situados desde estructuras horizontales de control, una toma de decisiones colectiva, la gestión comunitaria, y el desarrollo de otras narrativas y miradas. A través de la autogestión y la autorrepresentación, el cine comunitario genera transformaciones sustanciales en las formas de trabajo colaborativo, en los métodos de producción, en el lenguaje cinematográfico y en el propósito y las motivaciones fundamentales de la realización cinematográfica. Como afirma la cineasta indígena zapoteca Luna Marán, "el cine comunitario busca ser un arte de lo cotidiano, una acción necesaria, como verse al espejo, como preguntarnos quiénes somos y cuáles son nuestros deseos" (Marán 2018: 36).

Con este espíritu, han surgido iniciativas cinematográficas comunitarias y formativas a lo largo de América Latina. En México, *Ojo de Agua Comunicación* y el proyecto de medios *Promedios* fueron fundados en 1998, en Oaxaca y Chiapas, respectivamente. En Argentina, la organización *Cine en Movimiento* comenzó a producir en 2002 como respuesta a la crisis económica. En Perú, el *Grupo Chaski* ha liderado a la *Red de Microcines* desde 2003. La primera década del siglo fue testigo del desarrollo de sólidos proyectos comunitarios, tales como *Ojo al Sancocho*, en Ciudad Bolívar (Colombia); *Río 40*, en Brasil; *El Churo*, en Ecuador; y *Campamento Audiovisual Itinerante*, en México; entre otros que continúan multiplicándose a nivel local (Gumucio Dagron 2014). Todos estos tienen en común que siguen los principios del cine comunitario descritos anteriormente.

En el caso de Colombia, el cine comunitario está enmarcado dentro de la historia de violencia y de conflicto armado en que ha estado inmerso el país (véase el capítulo 2 para obtener más contexto sobre el conflicto). En dicho contexto, el cine comunitario aparece como una herramienta que permite reivindicar las luchas populares, y defiende derechos tales como el derecho a la vida, la subsistencia, la dignidad humana, la no discriminación y a preservar el propio idioma, entre otros. Las comunidades, organizaciones, niños, niñas, jóvenes y adultos han comenzado a tomarse las plazas y las calles de sus barrios y pueblos para exhibir sus creaciones, convirtiéndose los parques en salas de cine al aire libre donde se proyectan estas películas (Gumucio Dagron 2014; Dorado Lozano 2024). Esto marcó el nacimiento de varios colectivos y organizaciones en Colombia, tales como *La Corporación Colectivo de Comunicaciones Montes de María Línea 21* (El Carmen de Bolívar), *la Escuela Belén de los Andaquíes* (Caquetá) y el *Colectivo Mejoda* en el Distrito de Agua Blanca, Cali (Valle del Cauca), entre otros.

Aunque estas iniciativas nacen en medio del miedo y la violencia, también reflejan un fuerte compromiso con recuperar estos espacios públicos por medio del cine, y ofrecen una manera de resistir la violencia y plantear una demanda clara de atención estatal. Producto de ello, el cine comunitario ha ayudado a evitar que jóvenes sean reclutados forzadamente por actores armados, y se ha constituido como una forma de protestar públicamente contra la violencia y las problemáticas estructurales que estas regiones enfrentan. En nuestro trabajo, hemos sido testigos de experiencias transformadoras para las comunidades y las organizaciones de cine comunitario. Por ejemplo, el proceso de realización del cortometraje *Lucas y el camino de la resistencia* (2019), que nace de una propuesta de trabajo con niños, niñas y jóvenes de la *Escuela Popular de Cine* de Ciudad Bolívar (Bogotá). Fundada en 2005, esta escuela ofrece un espacio de enseñanza-aprendizaje basado en los principios de la educación popular (Freire 1970) en diversos barrios de Ciudad Bolívar, una localidad que siempre ha sido un territorio en constante conflicto. Conforma un espacio seguro y una plataforma donde los niños, niñas y jóvenes pueden contar sus propias historias, tener un espacio de encuentro, aprovechar su tiempo libre, e imaginar y entender su territorio como un espacio común.

Este proceso de filmación comenzó con un mapeo en el barrio para identificar los lugares donde los niños, niñas y jóvenes se sintieran de diferentes maneras: seguros, inseguros, felices, tristes, etc. Las perspectivas obtenidas gracias a este ejercicio nos permitieron seleccionar diferentes lugares del barrio para explorarlos con los jóvenes que viven en él. Los niños, niñas y jóvenes se apropiaron mucho de este ejercicio, contaban historias que habían vivido ahí, entrevistaban a habitantes del lugar y discutían entre ellos y ellas por qué ciertos lugares eran intimidantes para algunos y para otros no. Esta actividad les permitió reconocer e identificar su barrio y sus problemáticas, así como los diversos esfuerzos de resistencia y de trabajo comunitario que se realizaban. Un sitio especialmente significativo fue "el palo del ahorcado", un árbol conocido en el barrio y que significaba mucho para ellas y ellos, pero que, lamentablemente, se había convertido en un lugar peligroso. A medida que avanzaba, este proyecto se fue convirtiendo en el guion de un cortometraje protagonizado por un perro, y puso en marcha una iniciativa para recuperar este lugar, que en un gesto simbólico fue rebautizado como "el palo de la resistencia", para sus habitantes.

El cine comunitario ha creado sus propios significados, su propia estética y sus propias formas de producción y circulación orientadas a promover el buen vivir y llevar perspectivas de desigualdad interseccional a la esfera pública. En palabras de Stefan Kaspar, uno de los pioneros en Perú, "el cine no cambia la realidad, pero tiene el potencial de incluir lo excluido, de visualizar lo invisible, de recordar lo olvidado [...] y eso es el principal cambio" (Kaspar cited in Benavente 2022: 19). A su vez, ya que las películas se producen desde y para la comunidad, ayuda a construir contrapúblicos subalternos, "escenarios discursivos paralelos, en los cuales los miembros de los grupos sociales subordinados crean y circulan contradiscursos" (Fraser 1999: 21).

En la actualidad, las metodologías cinematográficas han desarrollado un conjunto extenso de técnicas audiovisuales y participativas para trabajar en colectividad. Muchas de ellas tienen sus orígenes en la academia, y han sido adaptadas y transformadas en procesos de educación popular. El concepto de "laboratorio" —un espacio en el que cada organización e iniciativa va encontrando de modo colaborativo el sentido, pertinencia y aplicabilidad de las herramientas del cine comunitario— es una parte esencial de este enfoque. Los y las facilitadoras cumplimos un rol de acompañamiento y apoyo, ya que somos un puente para solucionar dudas y, sobre todo, para generar nuevas preguntas que inviten a compartir el conocimiento y gesten reflexiones fluidas y profundas entre quienes participan. Por lo tanto, los colectivos de producción cinematográfica comunitaria se convierten en espacios transformadores que generan multiplicadores sociales que fortalecen las redes de comunicación comunitaria, y hacen del cine comunitario una herramienta para los objetivos políticos de las comunidades.

En Bogotá, una de las ciudades incluidas en este proyecto, la popularidad del cine comunitario crece cada vez más. Esto ha hecho posible que jóvenes puedan estudiar en la *Escuela Popular de Cine* de Ciudad Bolívar, mencionada anteriormente. La experiencia de estudiar en ella suele transformar sus perspectivas de vida, ya que les demuestra que hacer cine es algo posible, a pesar de las limitaciones del sistema educativo. Hoy, muchos de estos jóvenes son un referente para otros jóvenes del barrio, y algunos de ellos incluso han formado sus propios colectivos y hacen talleres en diversos lugares del país junto con sus compañeros y compañeras (ver también Larrate 2024). Ciudad Bolívar es también el área de residencia de muchas de nuestras coinvestiga-doras en este proyecto.

En la actualidad hay muchas otras iniciativas semilla que han echado raíces y germinan en diferentes territorios. Por ejemplo, en Perú, la *Red de Microcines* lleva formación y exhibición de cine a comunidades de todo el país. A su vez, la iniciativa binacional entre Perú y Colombia conocida como *Hacer una escuela de cine comunitario* (HUECC) comparte una "receta" para establecer escuelas de cine comunitario. De este modo, estas iniciativas convierten al cine comunitario en un rizoma que se expande con la firme intención de transcender fronteras y de seguir haciendo de la comunicación comunitaria un derecho fundamental.

Cine comunitario feminista: narrarse a sí mismas para la reconstrucción de la memoria

En las últimas décadas, el reconocimiento del patriarcado como sistema de opresión de género ha permeado las necesidades y exigencias de las comunidades. Parte de esta transformación ha obligado a enfrentar los privilegios y abordar la reproducción de violencias en todo tipo de procesos organizativos. En este contexto, ha surgido el cine comunitario feminista que critica y reflexiona sobre las prácticas cinematográficas desde una perspectiva que reconoce las relaciones de poder, la intersección entre la técnica cinematográfica y los géneros, el papel del cuerpo y su relación con el territorio. A su vez, el cine comunitario feminista rebate las versiones convencionales de la memoria y crea alternativas. En el contexto de violencia crónica de Colombia, hace esto desde la autorrepresentación de las mujeres y sus identidades fuera de la heteronormatividad.

Diferentes estudios han demostrado que los cuerpos de las mujeres son altamente vulnerables en medio de los conflictos y las guerras, donde la violencia contra las mujeres suele utilizarse como una táctica deliberada en una estructura de violencia patriarcal (Actoras de Cambio 2021; Cockburn 2004; Segato 2016). Las mujeres coinvestigadoras que participan en el proyecto de este libro han vivido un desplazamiento forzado, y han sido revictimizadas al encontrarse una vez más en contextos violentos en sus respectivas ciudades, Bogotá y Medellín. Aquellas situaciones de violencia se han intensificado para ellas simplemente debido a su condición de mujeres, que las fuerza a enfrentar formas de violencia polifacéticas que se entrecruzan antes, durante y después de su desplazamiento de sus hogares de origen (see Marzi and Pain 2024). En este contexto, el uso de expresiones artísticas como la filmación participativa y el cine comunitario se ha configurado como una forma de resistencia simbólica, que ofrece diferentes vías de autorrepresentación y de narración de sus experiencias de vida marcadas por la violencia. Desde nuestra experiencia como facilitadoras e investigadoras internacionales que trabajan con mujeres de diversas edades, comunidades y territorios en Colombia, descubrimos que muchas de las cosas que ellas quieren contar al producir el contenido audiovisual de este proyecto se relacionan directamente con la necesidad de narrar su propia historia.

Por consiguiente, empleamos ejercicios metodológicos para conectar con el cuerpo y el territorio como elementos de la memoria y crear conocimientos. Algunos de estos consistieron en pedir a las mujeres que identificaran lugares que las hacen sentir seguras, como si estuvieran en casa; que los asignaran a una parte de su cuerpo, y que explicaran por qué (para más contexto en cuerpo y territorio ver también Rodriguez Castro 2021; Sweet and Ortiz Escalante 2017; Zaragocin and Caretta 2021). *La Partida*, un colectivo de cine comunitario feminista en Bogotá, explica: "tendemos una invitación a las participantes para explorar el ejercicio de recordar y olvidar como forma política de acercarse a sí mismas, a sus territorios y sus culturas, no sólo por su carácter individual, sino también por sus posibles interacciones con memorias colectivas" (2021, archivo privado). De esta manera, los ejercicios se convierten en espacios de politización de lo cotidiano, en donde el reconocimiento de la experiencia compartida permite conectar entre las mujeres, para crear las historias colectivas, concretando la idea de "lo personal es político".

Así, el cine comunitario feminista construye nuevas narrativas para ampliar y crear espacios destinados a las luchas de las mujeres, de manera que sus historias —y, por lo tanto, sus memorias— sean reconocidas, relatadas y escuchadas. Algunas veces estas películas se crean desde la perspectiva de quienes han sido víctimas de la violencia, como vemos en nuestro proyecto con coinvestigadoras de Bogotá y Medellín, quienes hacen este trabajo audiovisual con el fin de "recordar y nombrar para que no se repita" (Isela, taller en Medellín).

De esta manera, como ejercicio de creación de memorias, el arte audiovisual nos permite narrar lo inenarrable. Por medio de diversas estrategias del cine —como son la animación, la puesta en escena y el testimonio en primera persona—, el audiovisual permite contar sucesos muy traumáticos y dolorosos de la vida de las mujeres. El cine se convierte así en una herramienta de justicia, un recurso para la verdad y testimonial, un recurso para recordar (Jelin y da Silva 2002) y evitar la repetición, como menciona Isela anteriormente. Ofrece a quienes vivieron la violencia y el trauma una oportunidad de reparación y de un poco de sanación al nombrar su verdad desde la experiencia y hacer reconocer dicha verdad en el ámbito público. Es decir, que los procesos de cine comunitario pueden ocupar un lugar importante en la construcción y transformación de la memoria colectiva, pues son vehículos para la creación de recuerdos que la sostienen.

Por lo tanto, el cine comunitario feminista promueve un proceso transformador que va más allá de la simple realización de una película. "No se trata de darle una cámara a otra" (La Partida Feminista 2022), se trata de construir un espacio de encuentro donde las mujeres puedan compartir sus experiencias personales, explorar las diferentes realidades de cuerpos y territorios diversos, cuestionar las desigualdades, y crear estrategias de lucha y de resistencia. Este es el espacio que creamos en nuestro proyecto, *Volviendo a vivir* (2022), en el que nos reunimos para coproducir una película. Aquí, las mujeres utilizaron herramientas tecnológicas y múltiples voces en un proceso de creación cinematográfica que les dio una oportunidad de escucharse, reconocerse y alzar su propia voz. Por medio de la autonarración, las mujeres compartieron sus perspectivas únicas y construyeron una memoria colectiva del desplazamiento forzado en Colombia, también para impulsar una transformación de sus propias vidas en la ciudad, que a su vez representan a muchas mujeres que han vivido experiencias similares.

Volviendo a vivir, el cine como memoria del desplazamiento

Tanto las coinvestigadoras como las directoras de *Volviendo a vivir* (2022) decidieron que era esencial entender la película como una oportunidad de reconocer sus vivencias y traumas. Por medio de su expresión, esperaban aportar a que los hechos de violencia que habían vivido no se repitieran para otras generaciones. Como hemos visto en el capítulo 2, Colombia ha sido un país atravesado por un conflicto interno de más de 60 años. Por ende, hay generaciones que nunca han conocido un país libre de conflictos. Las mujeres participantes de este ejercicio de investigación-creación son víctimas directas que han sufrido esta guerra de manera directa (véase también el capitulo 5 para más testimonios de desplazamiento).

Este proyecto incluye a mujeres desplazadas y a aquellas que se han visto afectadas por el conflicto colombiano. Muchas de nuestras coinvestigadoras compartían experiencias de violencia relacionadas con su llegada a las ciudades de Bogotá y Medellín, y las luchas que incluso ahora enfrentan debido a las pocas oportunidades laborales, que traen como consecuencia muchas dificultades económicas y dificultades para crear un hogar seguro y digno. Pocas de ellas conocían el cine comunitario o las técnicas de filmación participativa y, al principio, la mayoría tuvo problemas con el uso de las herramientas tecnológicas; por ejemplo, para grabar videos con sus teléfonos inteligentes. Aun así, consideraron que el medio audiovisual les ofrecía una manera de ser escuchadas, contar sus historias y compartir sus aspiraciones.

Al comenzar el proceso de investigación, dos retos saltaron a la vista. En primer lugar, empezamos a hacerlo en un entorno en línea, en el que las mujeres necesitaban manejar sus teléfonos y tuvieron que adquirir nuevas habilidades tecnológicas para unirse a las reuniones por Zoom (como describimos en el capítulo 3). En segundo lugar, además de las cuestiones tecnológicas, necesitábamos llegar a un consenso sobre los temas comunes y, en última instancia, sobre un tema para la película. El proyecto de investigación era un paraguas amplio y, como señalan los principios de investigación-acción, era esencial que fueran las coinvestigadoras quienes decidieran qué cosas les parecía importante comunicar a través del medio audiovisual. Esto era especialmente cierto, considerando que estarían asumiendo el compromiso de trabajar colectivamente en estos temas durante un período prolongado en un contexto en línea. Comenzamos con un trabajo de presentaciones y memoria individuales, en el que invitamos a todas las participantes a hacer tomas de sí mismas a la vez que contaban a sus compañeras quiénes eran y de dónde venían. Se las invitó también a usar la cámara para presentar su casa y su barrio. Estas actividades combinaban ejercicios técnicos para aprender a utilizar el celular y expresarse a través del lenguaje audiovisual. Poco a poco fueron encontrándose en la distancia, descubriendo partes de sí mismas en los relatos de las otras, a través de las anécdotas personales narradas por sus propias voces. Los resultados se presentaban en nuestros encuentros colectivos en línea, y generaban preguntas, reflexiones y diálogos entre las mujeres.

Véase aquí el video V4.1 Soy de – lugar de origen (https:// youtu.be/5QWgU8MoK58)

En las siguientes sesiones nos dedicamos a conversar sobre las cosas que, finalmente, se convirtieron en los temas principales de la película: sus testimonios de desplazamiento (capítulo 5), los retos que debieron enfrentar, y que continúan enfrentando, en sus respectivas ciudades (capítulo 6) y las esperanzas y aspiraciones que tienen para su futuro en la ciudad (capítulo 7). Así, la película empezó a tomar forma, comenzando con la salida del hogar de origen de las coinvestigadoras y mostrando a los espectadores su llegada a la ciudad y el enfrentamiento con esa nueva realidad. Las mujeres hablan sobre su pasado, y hacen un fuerte hincapié en sus luchas y en las maneras en que han resistido como mujeres en la ciudad.

Estos temas fueron capturados en este poema, que empezó a tomar forma de manos de una de las coinvestigadoras y que el grupo completo construyó durante las reuniones en línea y en su propio tiempo. Las ideas que expone el poema fueron, poco a poco, transformándose en un guion para la película.

Tabla 4.1 Poema creado por las coinvestigadoras para la película Volviendo a Vivir

Volviendo a vivir	Coming back to life
Las familias se marcharon Pues las desplazaron. Las amenazas llegaron sus derechos han violado.	The families left Well, they were forced to move. the threats came their rights have been violated.
De sus tierras la sacaron la tristeza ha llegado. Los disparos escucharon y sin nada han quedado.	They took their land from them sadness has come. They heard shots and they were left with nothing.
Con sus hijos caminaron, Hambre, frío van pasando. Con los corazones destrozados a la ciudad están llegado.	With their children they walked, Passing stages of being hungry, cold. with broken hearts to the city they are arrived.
Tocando de puerta en puerta, tratando de buscar calma, por aquellas masacres y desapariciones forzadas.	knocking from door to door, trying to find calm, from those massacres and forced disappearances.
Evidencias de lesa humanidad los llevaron a escapar. El desplazamiento intraurbano en la ciudad los pone a luchar.	evidence of crimes against humanity they were led to escape. intra-urban displacement in the city they were put to fight.
Recorriendo diversos sitios todos aquellos han sufrido. Blancos, negros, afros, indígenas, En la ciudad han sido acogidos.	Go round various sites all those have suffered. Whites, blacks, Afros, indigenous, In the city they have been welcomed.
Esperando de un gobierno Injusto y olvidado, que sin ayudas del estado como víctimas han quedado.	Waiting for a government unjust and forgotten, that without state aid as victims they have remained.

(Continue)

Tabla 4.1 Continued

Aquellas manos laboriosas, se la pasan reciclando. Angustiadas, sudorosas buscando el sustento diario.	Those busy hands They spend it recycling. distressed, sweaty looking for daily sustenance.
Sus trabajos artesanales, creativos, sensacionales. Nuestras mujeres la pasan, Sembrando plantas medicinales.	their handicrafts, creative, sensational Our women spend it, Sowing medicinal plants.
La lucha siempre sigue buscando una esperanza. Sin revivir el pasado, por este conflicto armado.	The fight always goes on looking for a hope. without reliving the past, for this armed conflict.
Hemos sido protagonistas de una Guerra Ahora somos protagonistas de una transformación	We have been protagonists of a war Now we are protagonists of a transformation

Por lo tanto, la realización audiovisual no es solo un modo de grabar sus memorias; también abre un espacio para desarrollar narrativas y testimonios de forma colectiva. Se convirtió en una herramienta para recordar y reconstruir sus memorias de violencia, pero también de resistencia, permitiéndoles así idear diversas maneras de curar sus heridas y fortalecer, a través del acompañamiento mutuo, su resiliencia. Por lo tanto, el trabajo de cine comunitario en un proyecto de investigación-acción hizo posible aquello que Sonja Marzi (2023) llama "impacto-en-proceso", donde la transformación forma parte del proceso de investigación-acción a través de diversas formas de toma de conciencia, la creación de redes y la implementación de procesos que respaldan la curación.

La producción audiovisual de la película misma —el encuentro de estas sinergias en sus experiencias colectivas— se convirtió en un proceso de politización de sus experiencias como víctimas del desplazamiento forzado y la violencia en Colombia. Al crear y, posteriormente, proyectar la película ante diferentes comunidades, no solo comparten sus experiencias y aspiraciones; también resaltan las problemáticas que requieren una mayor atención por parte del Gobierno y los elaboradores de políticas, a fin de mejorar sus futuros urbanos. Por medio de la reconstrucción de sus trayectorias con el material audiovisual, se reconocieron a sí mismas más allá de la categoría de víctimas de desplazamiento forzado, y alzaron sus voces como defensoras de la vida, constructoras de solidaridad en la ciudad y en algunos casos, como liderezas o liderezas emergentes. Los papeles que las mujeres han desempeñado en sus nuevas vidas en la ciudad se exponen en los capítulos 6 y 7.

References

Actoras de Cambio. 2021. 'La Historia de Un Sueño Hecho Realidad. Mugarik Gabe, Guatemala. Disponible En Https://Www.Actorasdecambio.Org.Gt/Wp-Content/Uploads/2023/05/Actoras.Pdf'.

Beltran, Luis Ramiro. 1996. 'La Radio Popular y Educativa En America Latina'. *CHASQUI Revista Latinoamericana de Comunicacion* 53: 8–11.
Benavente, Sol. 2022. 'La Memoria Girando En La Luz. In G. Polanco Uribe (Ed.), Soberanías Audiovisuales: Historias En Común (Pp. 16–25). (Colección Catálogos Razonados). Cinemateca de Bogotá. Https://Idartesencasa.Gov.Co/Artesaudiovisuales/Libros/Catalogos-Razonados-Soberanias-Audiovisuales-Historias-En-Comun'.
Carelli, Vicente, Nicolás Echeverría, and Antonio Zirión. 2016. 'Diálogos Sobre Cine Indígena'. *Los Cuadernos Del Cinema* 7: 5–11.
Cockburn, Cynthia. 2004. 'The Continuum of Violence: A Gender Perspective on War and Peace", in W. Giles and J. Hyndman (Eds.) Sites of Violence: Gender and Conflict Zones, Berkeley: University of California Press'.
Cruz, Isleny. 2003. 'Marta Rodríguez y Jorge Silva. En Paranaguá, Paulo Antonio, Nelson Pereira Dos Santos, José Carlos Avellar, Jung Ha Kang, and María Calzada Pérez. "Cine Documental En América Latina." Madrid, Cátedra Signo Imagen.'
Del Castillo Camargo, Juan Jacobo. 2019. 'Diálogos Con El Cine Político Colombiano de Los Años Setenta: Activaciones Del Archivo Fílmico Para Pensar, Sentir y Crear Otras Imágenes Del Presente'.
Dorado Lozano, Carolina. 2024. 'Cine Comunitario Feminista: El Enfoque de Género En Los Procesos Desarrollados En Ojo Semilla (Ecuador) y La Partida Feminista (Colombia) Entre Los Años 2016 y 2019'. Quito, EC: Universidad Andina Simón Bolívar, Sede Ecuador.
Fals Borda, Orlando, y Brandao C Rodríguez. 1987. 'Investigación Participativa. Montevideo: La Banda Oriental.'
Fraser, Nancy. 1999. 'Repensando La Esfera Pública : Una Contribución a La Crítica de La Democracia Actualmente Existente (Tema Central). En: Ecuador Debate. Opinión Pública. Quito: CAAP, (No. 46, Abril 1999): Pp. 139–174. ISSN: 1012–1498'.
Freire, Paulo. 1970. *Pedagogy of the Oppressed*. New York: Continuum.
Freire, Paulo. 1983. 'El Acto de Leer y El Proceso de Liberación. Siglo XXI, México.'
Freire, Paulo. 2001. 'Pedagogía de La Indignación. Morata, Madrid.'
Gumucio Dagron, Alfonso Gumucio. 2014. *El Cine Comunitario En América Latina y El Caribe*. Fundación del Nuevo Cine Latinoamericano.
Jelin, Elzabeth, y Ludmila da Silva. 2002. 'Los Archivos de La Represión: Documentos, Memoria y Verdad. Madrid, Siglo XXI.'
La Partida Feminista. 2022. 'La Partida: Lo Que Sea, Pero Juntas. Azar, Exploración y Encuentro a Través Del Cine Comunitario y Los Feminismos. La Otra Cosecha 5: 39–52. Https://Maizalaudiovisual.Wordpress.Com/La-Otra-Cosecha-2/La-Otra-Cosecha-05/'.
Larrate, Ivy. 2024. '"El Joven Quien Tras Una Cámara y El Cine Busca Transformar a La Localidad de Ciudad Bolívar En Bogotá", Periódico El Tiempo, Colomi Di Disponible En Https://Www.Eltiempo.Com/Cultura/Gente/El-Joven-Quien-Tras-Una-Camara-y-El-Cine-Busca-Transformar-a-La-Localidad-de-Ciudad-Bolivar-En-Bogota-3345744'.
Marán, Luna. 2018. 'Cine y Video Comunitario En Nuestra América. En Revista La Otra Cosecha. Número 1. México, Disponible En: Https://Issuu.Com/Elmaizal.Audiovisual/Docs/Revista-Loc_08072018-Paginas'.

Marzi, Sonja. 2023. 'Co-Producing Impact-in-Process with Participatory Audio-Visual Research'. *Area*, no. 55: 295–302. doi:10.1111/area.12851.

Marzi, Sonja, and Rachel Pain. 2024. '"Volviendo a Vivir" (Coming Back to Life): Urban Trauma, Activism and Building Emancipatory Futures'. *Urban Studies*, 00420980231213730. doi:10.1177/00420980231213730.

Mestman, Mariano, y David Oubiña. 2016. *Las Rupturas Del 68 En El Cine de América Latina*. Ediciones Akal.

MinTic. 2021. 'Ministerio de Las Tecnologías y La Información de Colombia - Https://Www.Mintic.Gov.Co/Portal/Inicio/Glosario/D/5595:Derecho-a-La-Comunicacion#:~:text=Incluye%20la%20libertad%20de%20expresi%C3%B3n,Y%20valores%20de%20la%20cultura.'

Molfetta, Andrea. 2017. 'Cine Comunitario Argentino'. *Mapeos, Experiencias y Ensayos*.

Paranagúa, P.A. 2003. 'Cine Documental En América Latina, Madrid, Ediciones Cátedra Signo e Imagen.'

Radio Nacional de Colombia. 2017. 'Radio Sutatenza: La Primera Revolución Educativa Del Campo Para El Campo'. https://www.radionacional.co/cultura/radio-sutatenza-la-primera-revolucion-educativa-del-campo-para-el-campo.

Rodriguez Castro, Laura. 2021. '"We Are Not Poor Things": Territorio Cuerpo-Tierra and Colombian Women's Organised Struggles'. *Feminist Theory* 22 (3). SAGE Publications: 339–359. doi:10.1177/1464700120909508.

Sanjinés, Jorge, y Grupo Ukamau. 1979. 'Teoría y Práctica de Un Cine Junto al Pueblo'. *DF México: Editoriales Siglo XXI*.

Segato, Rita Laura. 2016. *La Guerra Contra Las Mujeres*. Madrid.

Segato, Rita Laura, y Ramsey McGlazer. 2018. 'A Manifesto in Four Themes'. *Critical Times* 1 (1): 198–211. doi:10.1215/26410478-1.1.198.

Sweet, Elizabeth L., and Sara Ortiz Escalante. 2017. 'Engaging Territorio Cuerpo Tierra through Body and Community Mapping: A Methodology for Making Communities Safer'. *Gender, Place & Culture* 24 (4): 594–606. doi:10.1080/0966369X.2016.1219325.

Tornay Márquez, M de la Cruz. 2021. 'Radios Comunitarias En América Latina, Una Historia de Las Luchas Populares de Un Continente'. *Historia Actual Online* 54 (1): 53–62.

Zaragocin, Sofia, and Martina Angela Caretta. 2021. 'Cuerpo-Territorio: A Decolonial Feminist Geographical Method for the Study of Embodiment'. *Annals of the American Association of Geographers* 111 (5): 1503–1518. doi:10.1080/24694452.2020.1812370.

CAPÍTULO 5
Desplazamiento

*Ana Nury Quintero Solís, Ana Patricia Zapata Z.,
Angélica María Umaña V., Angie Yisel Ortíz,
Bertha Inés Torres Rodríguez, Elvira Patiño,
Ingrid Tatiana Rincón Castro, Isela Quintero,
Jessica Lorena Medina Patiño, Laura Inés Quintero,
María Eugenia Cataño, María Leticia Mesa Ortíz,
Mariela Leonor Echeverría, Marisol Cely Echeverría,
M Yovana Hernández A., Mille Casierra, Nancy Callejas,
Nury Tique Andrade, Rosa Lidia Torres, Sara Moreno,
Yesenia Agudelo Ortíz, Yamile García V., Ana María Díaz
Restrepo, Lina María Zuluaga García, Carolina Dorado
Lozano, Sonja Marzi, Rachel Pain, Jen Tarr*

Introducción: Hablando sobre el desplazamiento en Colombia

En este capítulo, nuestras coinvestigadoras describen cómo conceptualizan el desplazamiento, comparten sus propias vivencias y hablan sobre las razones por las que llegaron a sus respectivas ciudades: Bogotá o Medellín. Sitúan sus propias experiencias de desplazamiento forzado en el contexto colombiano más amplio, entendiendo el desplazamiento no solo como una experiencia individual, sino también como una experiencia compartida por una población colombiana desplazada a raíz de la violencia y el conflicto (véase el capítulo 2 para más información sobre el conflicto y la violencia en Colombia). Es importante destacar que las coinvestigadoras entienden el desplazamiento no solo como una experiencia individual, sino también como una experiencia compartida, y este capítulo busca contribuir al trabajo contra las "representaciones incorpóreas de la violencia" (Oslender 2016: 11) y la representación del desplazamiento a través de cifras, estadísticas y categorizaciones tales como "PDI" [personas desplazadas internas] (Oslender 2016: 17). En lugar de aquello, las mujeres compartieron sus vivencias y sus historias personales, para mostrar las realidades que se esconden detrás de las cifras.

El conflicto colombiano es complejo y, por lo tanto, también lo es el desplazamiento interno que provoca. Los principales destinos de quienes sufren desplazamiento interno son las comunidades urbanas y ciudades, entre las que se encuentran Medellín y Bogotá, donde actualmente viven nuestras coinvestigadoras. Al ser dos de los principales lugares de llegada de personas desplazadas en el país, el desplazamiento constituye un reto clave para ambas ciudades, que a raíz de esto experimentan un crecimiento no planificado a gran escala, sobre todo en las periferias urbanas.

En 2023, Colombia tenía más de 8 millones de víctimas de desplazamiento forzado (Unidad de Víctimas 2023), lo que lo convierte en uno de los países con mayores tasas de PDI (personas desplazadas internas) del mundo. El Observatorio de Desplazamiento Interno (IDMC, por sus siglas en inglés) informó en 2023 que, en el año 2022, el desplazamiento interno provocado por el conflicto y la violencia a nivel mundial fue tres veces superior al promedio anual de los diez años anteriores (IDMC 2023). Lamentablemente, Colombia es uno de esos países y, en 2022, las cifras de personas desplazadas internas a causa del conflicto armado fueron las más altas desde hace más de una década (IDMC 2023). Estas cifras elevadas en un período tan extenso tienen el efecto de anular las identidades individuales de las personas categorizadas como población "desplazada", lo que conlleva a la normalización del fenómeno del desplazamiento en la sociedad colombiana, algo fuertemente criticado (Oslender 2016: 13). Este capítulo pretende enfrentar esto, contando las historias de nuestras coinvestigadoras afectadas por el desplazamiento y el conflicto. Es más, el desplazamiento en Colombia es un fenómeno que sigue ocurriendo, aunque el término "desplazado" es, como destacan Lombard *et al.* (2023: 1325), temporal y espacialmente limitado, e implica que se trata de algo que sucedió en el pasado, en lugar de describir un proceso que continúa en el presente (véase también a Celestina 2016; Celestina 2018; Meertens 2012; Vélez-Torres y Agergaard 2014).

Nosotras entendemos "desplazamiento" como el ser o haber sido forzadas a trasladarse de un lugar a otro. Celestina (2016: 368) señala que el Estado colombiano define "desplazamiento" como "abandonar el lugar de residencia", pero destaca que esta definición no considera la importancia relacional y emocional de tener un lugar y de hacerse un lugar (véase también Celestina 2018). Los lugares rara vez se experimentan o entienden de forma aislada; por el contrario, existen fuertes vínculos entre el sentido del yo, la identidad y el lugar de las personas (Fullilove 2016; Marzi y Pain 2024: 7). De hecho, el lugar se forma y adquiere significado a través de las relaciones de poder que hay entre las personas, como también a través de la vida, la acción y la participación dentro de los lugares (véase también a Celestina 2016; Celestina 2018; Massey 2005; Massey 2009). En consecuencia, y esto es muy importante para la experiencia de nuestras coinvestigadoras, el desplazamiento puede suponer la pérdida del lugar, de las relaciones y del sentido del yo y la propia identidad al verse forzadas a abandonar sus hogares contra su voluntad. El desplazamiento como una forma de desarraigo (Celestina 2018; Marzi y

Pain 2024) es un tema que nuestras coinvestigadoras abordan en mayor detalle más adelante en este capítulo y también en los siguientes, basándose en sus propias experiencias de desplazamiento.

El desplazamiento puede suceder de diferentes maneras y tomar formas muy diversas. La mayoría de los desplazamientos en Colombia son desplazamientos rurales, en los que las personas se ven forzadas a abandonar sus hogares en el campo y su identidad campesina para trasladarse a entornos que, si bien pueden ser rurales, en la mayoría de los casos son urbanos (véase, por ejemplo, Celestina, 2018; Steele, 2017). Sin embargo, cada vez más personas experimentan desplazamiento intraurbano al interior de la ciudad, y se ven forzadas a trasladarse de un barrio a otro. En la mayoría de los casos, esto se debe a la violencia y el conflicto armado, lo que las hace temer por su propia vida, pero pueden coexistir otras razones. Entre estas, pueden mencionarse procesos neoliberales, tales como proyectos de desarrollo urbano y extracción de tierras que desplazan a las personas de su territorio, a menudo de manera violenta. Sumado a esto, nuestras coinvestigadoras identifican formas de desplazamiento que no están directamente vinculadas con el conflicto armado, sino con la violencia intrafamiliar y la falta de oportunidades económicas para seguir adelante. Nosotras consideramos que esto último sigue estando vinculado al conflicto armado, y que afecta especialmente a las personas más pobres debido a la falta de atención de parte del Estado o, en palabras de Celestina (2018: 5), "donde la protección estatal no es una prioridad".

Por lo tanto, en este capítulo se ofrece parte de los conocimientos adquiridos a través de la metodología innovadora descrita en los capítulos anteriores. Es importante señalar que este capítulo se enfoca en las voces de las personas que se han visto directamente afectadas por el desplazamiento en Colombia: las mujeres que trabajaron como coinvestigadoras en nuestro proyecto de investigación. Aquí nos comparten sus propias definiciones de lo que ellas entienden por "desplazamiento" y lo que este comprende, basándose en sus propias vivencias; describen cómo sucedió en su pasado y en su presente, y hablan sobre su impacto. Además, comprenden que sus historias son representativas de lo que han vivido muchas otras personas desplazadas que tienen historias de pérdida y desarraigo en el país, y las exponen de manera acorde.

Escritura colaborativa

Las principales autoras de este capítulo son nuestras coinvestigadoras colombianas, las mujeres que coprodujeron el conocimiento obtenido en este proyecto de investigación junto a nosotras. Todas ellas han sido extremadamente generosas al compartir sus experiencias, y conceptualizan el desplazamiento del modo que les parece más coherente en su calidad de mujeres desplazadas en Colombia. Escribir este y los siguientes capítulos no fue tarea fácil, especialmente tratándose de un libro destinado, al menos en parte, a un público académico y que, por lo tanto, debe seguir y negociar costumbres y normas en cuando al estilo de redacción, la estructura, el lenguaje y la forma.

Muchas de nuestras coinvestigadoras no tienen la formación ni las destrezas necesarias para escribir textos largos conforme a los estándares académicos. A otras, simplemente no les interesaba escribir de esta manera. Por lo tanto, desarrollamos un proceso de coescritura que tomaba en cuenta la procedencia de cada una y nuestras respectivas habilidades, y que, al mismo tiempo, garantizaba que el texto final reflejara, en la medida de lo posible, las ideas y conversaciones compartidas. Al mismo tiempo, tanto a las coinvestigadoras como al resto de nosotras nos entusiasmaba mucho la idea de desarrollar la escritura y la autoría conjunta de un libro, algo que muchas de las participantes habían creído imposible. Las investigadoras de las universidades de Reino Unido y Colombia consideraban que el libro tendría valor para el personal académico, pero, tal vez, también para personas fuera de ese ámbito si fuese posible escribirlo juntas y ofrecer una plataforma adicional para que las coinvestigadoras pudieran compartir sus conocimientos en más detalle. Para abordar el desafío tanto de escribir un texto destinado a escritores y a público fuera del ámbito académico como el de los límites de los libros académicos tradicionales, decidimos combinar material textual y audiovisual.

A raíz de esto, y con el fin de escribir los tres capítulos con la coautoría de nuestras coinvestigadoras, realizamos talleres de escritura en Colombia en los que todas participamos. En total, dedicamos cuatro días a los talleres de escritura en Bogotá y cuatro en Medellín, durante los que desarrollamos el contenido de estos capítulos. Estos talleres fueron dirigidos por la investigadora principal de Reino Unido, Sonja Marzi, y las dos investigadoras colombianas independientes, Lina María Zuluaga García y Carolina Dorado Lozano. Todo el material visual y audiovisual incluido tanto en esos tres capítulos como en el resto del libro ha sido creado con el apoyo, las habilidades y la mente creativa de la artista Ana María Díaz Restrepo, y con la colaboración de María Fernanda Carrillo Sánchez en cuanto al sonido para las animaciones.

En estos talleres, exploramos las ideas que nuestras coinvestigadoras tenían para sus capítulos basados en la experiencia empírica y qué cosas deseaban compartir con los lectores. Ellas decidieron abordar los temas del desplazamiento, los retos urbanos (la reconstrucción de sus vidas en la ciudad) y sus esperanzas para el futuro, los cuales corresponden a los tres capítulos de este libro en los que ejercen coautoría. Esto se basa en los conocimientos previamente adquiridos durante la coproducción del documental "Volviendo a Vivir". Para la elaboración del texto, llevamos a cabo una deliberación sobre el contenido en los talleres de escritura, en los cuales, juntas, acordamos cuáles eran los mensajes clave a transmitir.

También decidimos que los capítulos debían incluir una combinación de texto y material audiovisual, por varios motivos. En primer lugar, el texto no es la forma principal que muchas de estas mujeres utilizan para comunicarse o informarse. Esto implica, además, que muchas personas a las que quisiéramos llegar con este libro —y que están fuera del ámbito académico— podrían preferir contenidos y materiales que no estén en formato de texto. En segundo lugar, tras haber trabajado durante más de tres años en la creación de material audiovisual junto con nuestras coinvestigadoras, consideramos que su inclusión en este libro era algo esencial. Por último, las razones por las cuales optamos por el uso de métodos audiovisuales y de la filmación en esta investigación son, en primer lugar, que consideramos que el medio audiovisual, y especialmente la filmación, puede ser una herramienta de transformación (véase el capítulo 4); y, en segundo lugar, que este recurso permite a nuestras coinvestigadoras expresarse de maneras que complementan el texto escrito y lo trascienden, creando así un panorama más integral de los conocimientos que compartieron con tanta generosidad. Por consiguiente, empleamos diferentes técnicas para crear el contenido de estos capítulos, tales como grupos de debate, ejercicios participativos y artes visuales en forma de ilustraciones y collages. Registramos el contenido de los capítulos mediante grabaciones de audio y notas escritas, además de los productos materiales resultantes de los ejercicios participativos y creativos.

Todas las participantes otorgaron su consentimiento para ser grabadas —tanto en audio como en formato audiovisual— durante los talleres, y, desde luego, el proyecto había recibido la debida autorización ética institucional. Sin embargo, llevar a cabo una investigación de acuerdo con los principios de coproducción y de la Investigación Acción Participante (IAP), y especialmente cuando se abordan temas tan delicados como el desplazamiento y las experiencias de violencia y trauma, significa que solicitar el consentimiento de manera continua es fundamental. Con este fin, nos reuníamos periódicamente con las mujeres para presentarles los resultados coproducidos, tanto escritos como audiovisuales, y les solicitábamos nuevamente su autorización, además de recoger sus opiniones y comentarios sobre los cambios que les gustaría ver. También, nos comunicábamos con ellas a través de nuestro grupo de WhatsApp para solicitar su consentimiento continuo antes de incluir contenidos, citas o cualquier 'dato' o material especialmente delicado, a fin de mitigar posibles riesgos o daños para nuestras coinvestigadoras, así como para subrayar que tanto el material como el proceso eran de propiedad compartida.

Conceptualización del desplazamiento en Colombia: perspectivas femeninas

La mayoría de nuestras coinvestigadoras se vieron forzadas a abandonar su hogar y su territorio contra su voluntad. Muchas de ellas se identifican como víctimas del conflicto entre la guerrilla, los grupos paramilitares y el Estado colombiano, el cual se ha prolongado por más de cincuenta años (véase el capítulo 2). Otras no se identifican como víctimas directas del conflicto, pero se vieron obligadas a abandonar sus tierras debido a la falta de oportunidades para seguir adelante, o porque tuvieron que huir de la violencia doméstica e intrafamiliar. Sin embargo, el conflicto intensificó estas otras formas de violencia y, en ocasiones, las generó de manera indirecta. La ausencia del Estado en muchas zonas rurales en el momento en que las mujeres fueron desplazadas las dejó desprotegidas (véase también Celestina 2018; Marzi y Pain 2024).

Las coinvestigadoras partieron a las ciudades de Bogotá y Medellín, donde viven actualmente. En este capítulo, hablan sobre sus propias experiencias de desplazamiento. Al mismo tiempo, se perciben a sí mismas como representativas de la población más amplia de mujeres desplazadas del país, que comparten experiencias similares. Debido a esto, en este capítulo se comparten algunas experiencias individuales de estas mujeres, pero con frecuencia las historias presentadas en este libro han sido elaboradas como narración colectiva por todas ellas, y representa sus experiencias compartidas de haber sido forzadas a abandonar sus hogares. Ellas decidieron presentar los capítulos de esta manera. Queremos hacer hincapié en que las historias individuales siguen siendo importantes, pero también en que muchas mujeres desplazadas han vivido experiencias traumáticas similares de violencia, abandono y miedo, y han enfrentado retos parecidos en su intento por reconstruir sus vidas en la ciudad. El testimonio colectivo también es valioso para mostrar el impacto masivo que tiene el desplazamiento y los altos niveles de violencia que enfrentan las mujeres y sus familias.

Las coinvestigadoras consideran que el desplazamiento interno en Colombia se debe a muchas causas y formas diferentes. A su parecer, las razones del desplazamiento no son mutuamente excluyentes, sino que a menudo están interconectadas y están relacionadas con el conflicto, aunque no de forma directa. Entre estos, se incluye el desplazamiento intraurbano, el que, hasta donde sabemos, recibe menos atención específica en la literatura académica sobre el desplazamiento en Colombia en el momento de escribir este libro. En los siguientes apartados de este capítulo, nuestras coinvestigadoras proporcionan información más detallada sobre su manera de entender el desplazamiento, cómo lo vivieron y cómo lo diferencian entre sus diversas formas.

Diferentes formas de desplazamiento

"El desplazamiento tiene muchas raíces" (Taller Isela, Medellín)

Comenzamos los talleres de escritura en ambas ciudades con una discusión sobre lo que entendemos como desplazamiento en Colombia. En Bogotá, las mujeres explicaron que el desplazamiento supone verse forzadas a salir del lugar al que normalmente se llama "hogar", para irse a otro lugar nuevo, que entonces deben convertir en su nuevo hogar, con frecuencia de manera repentina, contra su voluntad y sin tener la posibilidad de planificar. Aunque no necesariamente todos los casos de desplazamiento son no planificados, aquí nos centramos en el desplazamiento forzado; es decir, que las mujeres no tuvieron la opción de permanecer donde estaban. En los talleres realizados en Bogotá y Medellín, las mujeres identificaron el desplazamiento como un acontecimiento que provoca rupturas económicas y familiares, viola sus derechos, y genera miedo y ansiedad. En el siguiente capítulo abordaremos los impactos del desplazamiento en mayor profundidad.

Para el inicio de los talleres de escritura en ambas ciudades, volvimos a ver los videos relacionados con el tema del desplazamiento que las coinvestigadoras habían grabado, incluidos aquellos que no fueron seleccionados para el documental final, *Volviendo a vivir*. Con esto, las mujeres comenzaron a definir qué es el desplazamiento y sus diferentes formas; primero, mediante una reflexión sobre lo que todas ellas y todas las víctimas de desplazamiento tienen en común. Por ejemplo, en Bogotá, una de las mujeres planteó lo siguiente:

> "Porque muchas cosas hay en común, ¿no? Todas aquí vienen de un lado; tuvieron que dejar las tierras, las raíces y vinieron a enfrentar cosas nuevas, así hay muchas cosas en común entre nosotras" (Mariela, Bogotá).

En Medellín, las mujeres hicieron un dibujo para ilustrar su experiencia de desplazamiento compartida, y coescribieron un texto que narra la historia de las mujeres desplazadas que llegan a esta ciudad. La animación "relato colectivo" está basada en este dibujo, y también grabamos la historia; juntas, representan una historia colectiva sobre el desplazamiento. Aunque fue producida por las mujeres de Medellín y se enfoca en su contexto inmediato, las mujeres lo conciben como un trabajo representativo de las experiencias de muchas otras mujeres desplazadas en el país.

Ver aquí el video V5.1 Relato Colectivo del Desplazamiento Medellín (https://youtu.be/bOm8f2tVBdU)

> "Relato colectivo de desplazamiento urbano y rural. Estaba atrapada; llevaba horas buscando una salida, una respuesta al porqué despojarme de mi territorio, donde todo lo tenía. Llegar a una ciudad desconocida para mí; tantas luces cerca de mis ojos, carros, mucho ruido … las montañas, tan lejos. Tanta construcción. Y al llegar al centro de la ciudad y estar parada al pie del edificio Coltejer, tuve un suspiro. Me siento en el andén, arropando a mis hijas, con el miedo y un frío que corre por mi cuerpo. Incertidumbre, desesperanza, sentir el rechazo de las personas que transitaban y una discriminación solo por ser desplazada. Siento el corazón roto al ver el río Medellín, donde muchas veces se ven pasar los cuerpos, las personas asesinadas. Alzo mi mirada y a lo lejos ver el barrio

de donde me tocó dejar todo, porque otros lo decidieron por mí. Salí para proteger la vida y la de los míos. Siento la voz atada por no poder decir lo que no me hace sentir libre en mi ciudad, a quién amo y que no quiero dejar, porque aquí mis seres desaparecidos y otros sepultados, y no pierdo la esperanza de saber por qué, quiénes lo hicieron y dónde están" (relato colectivo, Medellín).

Las mujeres coinvestigadoras identificaron cuatro formas principales de desplazamiento. Estas son:

1. desplazamiento desde zonas rurales a la ciudad en Colombia (del campo a la ciudad),
2. desplazamiento al interior de las ciudades y zonas urbanas (intraurbano),
3. huida de la violencia doméstica y otras formas de abuso, a menudo al interior de la familia, y
4. desplazamiento debido a la pobreza extrema, y verse forzadas a trasladarse para encontrar mejores oportunidades (principalmente económicas, pero también sociales) y seguir adelante.

Estas formas de desplazamiento no son mutuamente excluyentes y pueden ocurrir al mismo tiempo. El desplazamiento también puede vivirse de forma reiterada en lugar de ser un evento aislado, ya que una vez que has sido desplazada, te vuelves más vulnerable a que vuelva a suceder. La lista de formas de desplazamiento elaborada por las mujeres también muestra que el desplazamiento puede tener causas económicas y sociales, además de políticas. Las mujeres no marcan límites rígidos entre la violencia política que tiene lugar a escala del Estado nacional, la región o el barrio; las acciones (o la inacción percibida) de parte del Estado para proteger a las víctimas del conflicto y abordar la pobreza; y la violencia interpersonal que, en el caso de las mujeres, a menudo puede sufrirse en el ámbito del hogar y las relaciones íntimas. Es más, estas situaciones diversas interactúan entre sí y se agravan mutuamente.

La mayoría de las coinvestigadoras de Bogotá compartieron sus historias de desplazamiento violento sufrido a raíz de los grupos armados, mientras que, en los casos de Medellín, sus experiencias de desplazamiento han tenido causas más diversas. En ambas ciudades, hubo algunas coinvestigadoras que también vivieron desplazamiento intraurbano. Existen otros factores económicos y políticos que agravan esta situación; entre ellos, los proyectos de desarrollo, la construcción de carreteras e infraestructura (Celestina 2018), así como los proyectos de extracción de tierras. Si bien las personas pueden verse obligadas a abandonar sus hogares por diferentes razones, estas suelen estar relacionadas con el conflicto, aunque sea de modo indirecto. Por ejemplo, algunas coinvestigadoras mencionaron que la pobreza extrema había sido una de las razones de su traslado, y que fue la combinación del temor a los grupos armados y sus condiciones de vida lo que las había llevado a abandonar sus hogares. En muchos casos, la extrema pobreza también es una consecuencia del conflicto armado, ya que la presencia de grupos armados y el abandono de parte de un Estado que no protege a sus ciudadanos genera un aumento del desplazamiento y la migración, lo que da origen a lugares despoblados en condiciones de deterioro económico progresivo. Otros estudios también han puesto de relieve el cierre de escuelas y negocios, ya que esto llevó a muchas personas a sentir que debían marcharse, al considerar que "ya no había nada más que hacer" (Celestina 2016: 383).

Sumado a esto, una de las coinvestigadoras de Medellín mencionó que el reclutamiento de hombres jóvenes y niños (y, en ocasiones, de niñas) por parte de los grupos armados es otro motivo que llevó a las familias a abandonar sus hogares rurales.

> "Muchas familias sacaron sus hijos de la zona rural por el reclutamiento, el reclutamiento de la guerrilla de esos niños desde los ocho, nueve años para empezar a entrenar y todo eso … y eso también hace parte de ese desplazamiento" (coinvestigadora, taller de Medellín).

Estas diferentes causas muestran que, aun cuando las familias no hayan recibido amenazas directas por parte de los grupos armados, su decisión de trasladarse sigue siendo involuntaria, ya que lo hacen por temor a sufrir violencia o amenazas en el futuro, o porque el conflicto les arrebató las oportunidades sociales y económicas que existían en sus lugares de origen.

En nuestra investigación, la mayoría de los casos de desplazamiento que las mujeres compartieron fueron desencadenados por amenazas recibidas de grupos armados, tanto en zonas rurales como en zonas urbanas. En consecuencia, estas mujeres fueron desplazadas de manera forzosa para salvar sus vidas ante la violencia que llegaba hasta sus hogares. En sus testimonios, las mujeres mencionan que, en ocasiones, se veían atrapadas en medio del conflicto entre varios grupos armados al mismo tiempo, como las guerrillas, grupos paramilitares y grupos armados del Estado. La mayoría de ellas abandonaron sus hogares rurales y llegaron a la ciudad, siendo plenamente conscientes de que algunos de los factores predominantes que ocasionaron su desplazamiento y el de otras personas fueron la disputa por el control del territorio, a menudo asociada con el narcotráfico (véase también el capítulo 2), y los intereses que se obtienen de la explotación y el desarrollo de la tierra. Algunas mujeres vivieron desplazamiento intraurbano; es decir, se vieron obligadas a encontrar un nuevo barrio en que vivir, en otra zona de la misma ciudad. Las mujeres de Medellín tienen historias de desplazamiento más variadas, que abarcan todas las formas de desplazamiento que hemos señalado: rural-urbano, intraurbano, y debido a violencia intrafamiliar y motivos económicos que las llevaron a dejar sus hogares de manera involuntaria. Sin embargo, las historias de las coinvestigadoras de ambas ciudades comprenden violencias que se entrecruzan, como el haber sido desplazadas por grupos armados y, a la vez, el haber sobrevivido a la violencia intrafamiliar. A su llegada a la ciudad, fueron cada vez más conscientes de que el conflicto armado del que habían huido también estaba presente ahí; no de la misma forma, pero igualmente amenazante, y a veces hasta el punto de que volvían a verse desplazadas. Esta vez dentro de la ciudad y, nuevamente, con escaso apoyo por parte del Estado.

"Falso apoyo del estado, esto también profundiza el desplazamiento. La esperanza se convierte en desesperanza, desplazamiento del campo a la ciudad y luego intraurbano" (coinvestigadora, taller de Medellín).

Dado que el conflicto colombiano es de tan larga data, las mujeres habían sufrido desplazamiento en diferentes etapas de sus vidas. Algunas de ellas, lo vivieron durante su infancia, algunas tuvieron que dejar sus hogares durante su adolescencia o juventud adulta, otras se vieron forzadas a abandonar sus hogares como madres, junto a sus familias, y hay quienes solo se vieron forzadas a desplazarse recientemente, por primera vez. Llegaron a ambas ciudades desde muchos lugares diferentes del país y, como se ha señalado anteriormente, algunas de ellas hablaban sobre diversas ocasiones en las que debieron trasladarse, lo que demuestra que el desplazamiento no es un evento aislado.

Desplazamiento del campo a la ciudad

El desplazamiento del campo a la ciudad es la forma de desplazamiento más habitual en Colombia, desencadenada por los grupos armados (véase también el capítulo 2). Muchas de las mujeres de ambas ciudades, Bogotá y Medellín, compartían esta experiencia. Sus testimonios están llenos de múltiples formas de violencia, y cargados con su tenacidad y resistencia. En todos los testimonios que se presentan aquí, las mujeres se vieron forzadas a abandonar su hogar en el campo para salvar sus vidas y las de sus familias. Con frecuencia disponían de tan solo unas horas para trasladarse, o, en ocasiones, la violencia de la que habían sido testigos a diario superó todos los límites y el miedo a ser la próxima víctima se tornó abrumador.

Véase aquí el video V5.2 Testimonio del Desplazamiento Bogota_1 (https://youtu.be/2tAFCvgWuAE)

"Hace 21 años, yo vivía en La Palmera. Vereda La Palmera, en el municipio Capitanejo Santander del Sur, donde llegaron grupos al margen de la ley, como guerrilla y paramilitares, y atacaron el pueblo; empezaron a amenazar a los campesinos, a pedir 'vacuna' [dinero de extorsión], y, pues, ahí tuvimos que salir con mi familia. Salí con mi esposo y mis 3 hijas muy bebés —niñas— y, pues, dejando todo atrás, viniéndonos sin absolutamente nada, con una mano adelante y la otra atrás".

Historias de desplazamiento rural como esta dan testimonio de cómo las personas se veían atrapadas entre grupos armados que competían y se disputaban el control del territorio. Aquí, una mujer habla sobre cómo las guerrillas y los grupos paramilitares llegaron al mismo tiempo a su pueblo natal, y extorsionaban a los campesinos por dinero (conocido como "vacuna"). Con frecuencia, las familias no podían pagar ese dinero, ya que hacerlo significaría vivir en una pobreza más extrema y con el miedo de verse atacadas por uno de los grupos armados. Por lo tanto, muchas personas —entre ellas, ella y su familia— no tuvieron más opción que marcharse.

Ver aquí el video V5.3 Testimonio del Desplazamiento Bogota_2 (https://youtu.be/ G-4dFUnAyYo)

"Yo vengo desplazada desde el 2000 de Coyaima, Tolima, donde estábamos viviendo en la orilla del río. Teníamos pescado, pollo, yuca, popocho ... Éramos tres niños y dos adultos, que es mi persona y mi compañero. Y llegaron los maleantes y lo tumbaron todo, el ranchito lo quemaron todo. Se robaron todo, todo, los animales que teníamos ahí. Y tocó venirnos [a la ciudad] ahí, con una mano adelante y una mano atrás, sin ropa ni nada de eso. Y para llegar a la ciudad fue duro, porque sin ropa, sin ... a la buena de Dios".

Muchas veces, los grupos armados que llegaban a las veredas y los pueblos de las mujeres eran marcadamente violentos y, en ocasiones, las mujeres eran testigos de la tortura y el asesinato de miembros de su familia, de la quema de casas y cultivos, de amenazas contra sus familias, saqueos y la matanza de sus animales. La mujer de la segunda animación (Testimonio Desplazamiento Bogota_2) describe, precisamente, esto. Cuenta que alguna vez tuvieron todo lo que necesitaban en su hogar rural —peces, gallinas, yuca; es decir, alimentos—, cosa que cambió tras su desplazamiento a la ciudad, donde ahora luchan por tener suficiente alimento para sus familias y con regularidad. Al describir su anterior vida campesina, las mujeres dicen que la prefieren sobre su vida en la ciudad. Cuando la mujer dejó su hogar junto con su familia y sus hijos, intentaron llevar consigo todo lo que podían cargar hacia la ciudad, como se relata en la segunda animación (Testimonio Desplazamiento Bogota_2). Sin embargo, en su caso —como en muchos otros—, llegaron a la ciudad sin nada, como expresan sus propias palabras: "con una mano adelante y una mano atrás". Es decir, literalmente sin nada, como si se estuviera desnudo, cubriéndose con las manos, una al frente y otra atrás, ya que no tuvieron tiempo suficiente para salvar sus pertenencias además de sus vidas.

Ver aquí el video V5.4 Testimonio del Desplazamiento Bogota_3 (https://youtu.be/vokE7e_hFpo)

> "Una tarde estaba jugando con mis hermanos; mis padres estaban sembrando. Llegó la noche; llegaron unos hombres, nos amenazaron con armas y dijeron que teníamos que salir de ahí, o si no, nos iban a matar. Mis padres de una vez buscaron un camión, nos metieron ahí, y llegamos acá a Bogotá. Y, pues, acá en Bogotá fue difícil, porque nos tocó vivir en la calle".

Sin embargo, las adversidades para las mujeres —al igual que para muchas otras personas desplazadas en el país— no terminaron al huir de la violencia. Por ejemplo, las experiencias traumáticas (narradas en Testimonio Desplazamiento Bogota_3) de haber sido amenazadas por grupos armados se entrelazaron súbitamente con su llegada a la ciudad como campesinas pobres, obligadas a vivir en las calles de Bogotá. Muchas otras mujeres compartieron historias similares: se vieron forzadas a vivir con lo poco que podían acarrear, a buscar albergue debajo de los puentes y a encontrar la forma de reconstruir sus vidas (véase también Testimonio Desplazamiento Medellin_1). A menudo empezaron con las manos vacías, recolectando basura y desorientadas, sin recibir apoyo alguno para hacer frente al impacto sicológico de la violencia que habían vivido y de la que habían sido testigos. Por lo tanto, el trauma del desplazamiento se ve agravado por los retos a los que se enfrentaron tras su llegada a la ciudad y por sus esfuerzos por reconstruir sus vidas en ellas, tema que exploramos en más detalle en el capítulo 6.

Ver aquí el video V5.5 Testimonio del Desplazamiento Medellin_1 (https://youtu.be/FFSjE7T-DcU)

"[Mi desplazamiento] fue un impacto muy fuerte. Cuando me dijeron: 'tiene que irse, porque saliendo el sargento, los matamos', porque el ejército estaba apoderado de la finca, en medio del conflicto. Ya que tenía una bebé de 3 meses y dos niñas, una de 4 y una de 3 años, ni yo misma sabía qué sentía en ese momento. Al sargento le tocó sacarnos de ese lugar. Dejar una vida ya hecha, allá, el futuro de mi vida y la estabilidad, para volver a comenzar de nuevo. Al llegar a Medellín vi un edificio grande con muchos espejos. Me sentía impotente y sola al ver que tenía a mis tres hijas y dos bolsas negras con nuestra ropa. Solo pensaba en lo vivido, y después de ese momento, me aferré a mis hijas y a Dios. Me quedé sentada en ese edificio durante 8 horas sin saber qué hacer, y sin comida para darles. Se me acercó una señora y me vio llorando, y me preguntó qué hacía ahí con esas niñas. Me entró a un restaurante; la gente me miraba como un bicho raro. De ahí me llevó a la alcaldía en la Alpujarra; ahí pasé la noche. Al siguiente día me atendieron y me llevaron a un refugio donde podía dormir. Estando allí, me puse a vender bolsas de basura para conseguir un espacio donde vivir".

Desplazamiento intraurbano

Ver aquí el video V5.6 Testimonio del Desplazamiento Medellin_2 (https://youtu.be/LjegU7gzMMc)

"El 24 de octubre de 1991, era la medianoche, cayó un fuerte aguacero, desbordó la quebrada y la casa se llenó de pantano, y en medio de la preocupación, no nos dimos cuenta de qué sucedía en el barrio. Tocaron la puerta a eso de la 1 de la mañana. Decían: '¡Abran la puerta!'. Cuando la abrimos, eran hombres armados. Tiraban todo y buscaban. Mis hijos corrían a la cocina, muertos de miedo. Cuando unos hombres intentaron pasarse conmigo, corrí a la cocina, y uno de los hombres dijo: 'Ahora no, ahora no", diciendo: "¿Hay algo de tomar caliente?" Les hice señas a mis hijos, que se escaparan por la ventana. Les llevé a estos hombres agua panela caliente y volví a la cocina. Salí por la ventana; corrí, corrí, sin mirar para atrás. La lluvia hacía ruido y sentía que mis pasos no los escuchaban. Llegué al lugar donde mis niños me esperaban; llegué y seguimos corriendo juntos. Nos quedamos en un lugar resguardados. Supuestamente, era seguro. A las 5 de la mañana apareció una volqueta y el conductor nos dejó subir a ella. Y, llegando al barrio donde nos íbamos a quedar, la noticia: que habían asesinado a mi hermano. Aquí se derrumba mi vida".

El desplazamiento en Colombia está ampliamente asociado con las zonas rurales, en muchas de las cuales las guerrillas y los grupos paramilitares ejercen la violencia y se disputan el control del territorio. Sin embargo, como lo evidencian las historias de las mujeres, también existen formas menos visibles de desplazamiento dentro de las zonas urbanas, en las que las personas se ven obligadas a abandonar un barrio de la ciudad para ir a otro. En particular, el desplazamiento intraurbano relacionado con la violencia perpetrada por los grupos armados se ha convertido en un problema creciente en las ciudades colombianas.

La animación e historia de desplazamiento (Testimonio Desplazamiento Medellin_2) ofrece un relato de las realidades brutales que enfrentan las mujeres colombianas al ser desplazadas dentro de la ciudad. El desplazamiento al interior de las ciudades tiene lugar porque los grupos armados también controlan territorios dentro de los límites urbanos. Se trata de grupos criminales, también denominados BACRIM ("bandas criminales"), muchos de los cuales guardan relación con el narcotráfico, la minería ilegal, y otras actividades ilícitas; además, con frecuencia se originan a partir de grupos paramilitares desmovilizados (Bagent y Charles 2017; McDermott 2017).

En la mayoría de los casos, el conflicto intraurbano tiene lugar en la zona periférica de la ciudad; sin embargo, no siempre es así. En Bogotá y Medellín, los conflictos intraurbanos pueden tener una dinámica diferente (véase también Dávila 2018; Moncada 2016; Montoya Ruiz 2013), pero, para las mujeres que se vieron atrapadas en medio de ellos, las consecuencias fueron las mismas: desplazamiento intraurbano, para huir de la violencia y proteger su vida y la de su familia. En la animación *Testimonio Desplazamiento Medellin_2*, la mujer describe el terror que sintió ella y su familia la noche en la que fueron desplazados de Medellín, cuando temió por la seguridad de sus hijos y recibió amenazas de violación por parte de los hombres que irrumpieron violentamente en su casa. Solo logró escapar de la violencia huyendo por la ventana de la cocina y ocultándose hasta que consiguió que alguien la llevara a un barrio más seguro. Y, una vez más, su historia no es un caso aislado. Muchas mujeres de las ciudades de Medellín y Bogotá comparten experiencias similares y, a raíz de esto, muchas de ellas han sufrido un doble desplazamiento.

Los motivos por los que las mujeres han sido blanco de estos grupos armados son muy diversos. Algunas de ellas se habían convertido en activistas dentro de sus barrios, y los grupos armados no apreciaban la atención que esto trajo a sus zonas o se sintieron amenazados por esta; algunas tenían familiares que hacían negocios con grupos armados, o que hacían negocios que les molestaban; algunas no pudieron pagar el dinero de extorsión (la "vacuna") que los grupos armados les exigían; otras simplemente se oponían, reclamaban o denunciaban cualquier actividad ilegal; y otras fueron nuevamente blanco de grupos armados que ya habían enfrentado en sus zonas rurales de origen. En cualquiera de los casos, estas formas de violencia y de conflicto tornaron la vida en sus barrios en algo demasiado peligroso como para permanecer allí. Algunas incluso habían sido atacadas sin motivo, o incluso por error; aun así, tuvieron que abandonar el barrio para proteger a sus familias.

Ver aquí el video V5.7 Testimonio del Desplazamiento Bogota_4 (https://youtu.be/iZSGHB7QT3s)

"Mi familia fue desplazada de Suba, Bogotá, porque mi papá recibió amenazas de un grupo armado. Entonces, nos tocó salir de allí para salvaguardar la vida y estuvimos por muchas partes de la cuidad hasta llegar a Ciudad Bolívar. Salir de un lugar a otro, volver a empezar, buscar un lugar nuevo, pues es … es un poco complicado. Me da la satisfacción de saber que mi familia luchó por cuidar nuestra vida y, pues, por salir adelante y conseguir una vivienda para nuestra familia".

El desplazamiento intraurbano puede ser tan dañino y traumático como el desplazamiento rural-urbano que inicialmente trajo a la mayoría de las mujeres a la ciudad. Muchas de ellas describen el modo en el que este nuevo desplazamiento repite y reanima el trauma de sus experiencias previas. Cuando la mujer de la animación (Testimonio Desplazamiento Bogota_4) tuvo que abandonar su hogar en Bogotá, debido a que grupos armados amenazaban a su familia, toda su familia se vio obligada a hacerlo y, desde entonces, han vivido en muchos lugares hasta encontrar un hogar permanente en el barrio donde viven ahora. Sin embargo, destaca que, aunque su desplazamiento fue una experiencia horrible, agradece profundamente que su familia nunca dejara de luchar para protegerla a ella y a su hermano de toda esta la violencia, y para salir adelante en la vida. Retomaremos este tema en los capítulos 6 y 7, en los que nuestras coinvestigadoras comparten cómo han reconstruido sus vidas y mantienen la esperanza en un futuro mejor.

Desplazamiento por razones de violencia intrafamiliar

"La violencia en la familia es también un motivo del desplazamiento forzado" (taller de Medellín).

Ver aquí el video V5.8 Testimonio del Desplazamiento Medellin_3 (https://youtu.be/gSGCurbPnIO)

"El 17 de julio de 1988, en una vereda muy pequeña de Antioquia, en una casita muy humilde, huyeron cuatro niñas, de 10, 11, 12 y 14 años, debido al maltrato de su padre. Las pequeñas llegaron a un pueblo totalmente desconocido. Allí, quisieron buscar familia, pero fueron rechazadas. Una señora desconocida les brindó abrigo y comida, pero les tocaba buscar la dormida en otro lugar. Una tía abuela nos regaló el hospedaje en este pueblo.

Una mujer que las veía deambular en las calles del pueblo les preguntó: 'Niñas, ¿de dónde son? ¿A quiénes buscan?' Después de escuchar sus respuestas, las ayudó, llevándolas donde una señora. Sus hijas las acogieron y llevaron a la ciudad [a Medellín] a las dos más grandes, a trabajar con ellas mismas haciendo los oficios caseros, y les pagaban $5,000 pesos mensuales. Con este salario, ayudaban a las pequeñas [sus hermanas], que se quedaron en el pueblo, y solo las más grandes vinimos a la ciudad a trabajar. Cuando las hermanas mayores ya trabajaban en la ciudad, se dieron cuenta de que las pequeñas llegaron a deambular a la ciudad; querían buscarlas. El punto de referencia para no perderse era el Parque de Berrío o el Edificio Coltejer. Aquellas mujeres que acogieron a las pequeñas y les brindaron empleos quisieron restringir sus salidas.

La mayor logró huir, y a la más pequeña, la cambiaron de lugar para que no la encontraran, y les decían [a sus hermanas] que estaba en Girardot. Pero la hermana mayor logró rescatarla: aún estaba en la ciudad, pero la habían cambiado de barrio para continuar esclavizándola en el servicio doméstico.

En el día a día de hoy, existe mucha soberbia y poca hermandad en esta familia. El maltrato [que experimentamos] nunca nos permitió ser una familia unida".

Algunas de las mujeres se identifican a sí mismas como desplazadas; sin embargo, es posible que el Gobierno no las reconozca como tales, ni que se las considere como víctimas del conflicto de acuerdo con la ley. La mujer de la animación (Testimonio Desplazamiento Medellin_3) comparte su experiencia de huida de un hogar violento junto con sus hermanas, siendo jóvenes adolescentes, y su traslado a la ciudad. Junto a sus hermanas, abandonó su hogar debido a la violencia doméstica que enfrentaban constantemente. Entonces vivían en una zona rural, y decidieron trasladarse a Medellín para encontrar un modo de ganarse la vida. Al igual que muchas personas que ya han sufrido abusos, en la ciudad vivieron abusos reiterados y, nuevamente, como sucedió en su hogar rural, tuvieron que encontrar la forma de sobrevivir y salir adelante por sus propios medios.

Con bastante frecuencia, nuestras coinvestigadoras mencionan el abuso y la violencia doméstica como una de las razones que las llevaron a huir de sus hogares rurales rumbo a la ciudad. Es importante comprender que, si bien esto puede no estar formalmente reconocido como desplazamiento forzado (es decir, no está asociado al conflicto armado), ellas claramente lo conceptualizan como tal, y algunas mencionan la falta de protección por parte del Estado. Esta experiencia tiene muchos parecidos con el desplazamiento causado por un conflicto armado: a menudo abandonaban el hogar rápidamente, porque temían por sus vidas y sentían que no tenían alternativa, aunque muchas extrañan la cultura y el estilo de vida campesinos. Una de las mujeres se refiere a la ciudad como "libertad": libertad de no ser explotada y abusada en su hogar. Sin embargo, aún extraña muchísimo el campo. Además, al igual que las víctimas del conflicto armado, han vuelto a enfrentar violencia en el nuevo lugar donde viven y trabajan. Es evidente que, como muchas investigaciones a nivel mundial han demostrado, la guerra y el conflicto armado están estrechamente vinculados con el abuso doméstico y el abuso infantil, que siempre aumentan cuando las comunidades viven bajo la amenaza de formas políticas de violencia. Esto no quiere decir que el abuso intrafamiliar sea provocado por la violencia política —de hecho, suele estar ligado a la opresión patriarcal, que es algo casi universal—, sino que las mujeres, los niños, las niñas y los hombres se vuelven más vulnerables a este tipo de abuso y su impacto cuando se encuentran en condiciones de conflicto generalizado.

Desplazamiento agravado por la pobreza y el cambio económico

El desplazamiento económico también suele estar vinculado al conflicto armado. Las mujeres describen las repercusiones del conflicto en las zonas rurales y cómo sus comunidades se empobrecieron aún más a causa de la violencia de los grupos armados y la ocupación forzada de territorios para actividades ilícitas. En ambas ciudades, las mujeres dijeron: *"Allá no tenía nada que hacer, si quería estudiar yo o mis hijas tenía que traerlas a la ciudad"*, lo que demuestra que la situación económica en las zonas rurales a menudo era de pobreza extrema, lo que les hacía cada vez más difícil salir adelante. En consecuencia, la única opción era trasladarse a la ciudad, aunque *"la ciudad no es lo que queríamos, pero sí nos brinda más oportunidades"* (taller de Medellín).

Esto resuena con lo que describe Celestina (2018): en zonas de conflicto, cierran los negocios y las escuelas, ya no se hace vida social y los pueblos y las veredas se convierten en pueblos fantasma. Por ende, dejar sus hogares era su última opción para sustentarse a ellas y a sus familias, así como para ofrecer un futuro mejor a sus hijos. Sin embargo, el desplazamiento en todas sus formas deja impactos traumáticos, algo que todas las mujeres que participaron en la investigación quisieron destacar. No es solo el verse forzadas a abandonar sus raíces y cultura lo que provoca esas experiencias traumáticas; también influyen la violencia y los retos urbanos que enfrentan en los hogares en los que se han asentado. Estos impactos del desplazamiento, junto con los retos urbanos que conlleva trasladarse a la ciudad o dentro de ella a causa del conflicto armado en sus diferentes formas, son el tema del siguiente capítulo.

References

Bagent, J, and Mat Charles. 2017. 'Al Interior de Las Bacrim de Colombia: Asesinatos'. *InSight Crime*. https://insightcrime.org/es/investigaciones/al-interior-de-las-bacrim-de-colombia/.

Celestina, Mateja. 2016. '"Displacement" before Displacement: Time, Place and the Case of Rural Urabá'. *Journal of Latin American Studies* 48 (2): 367–390. doi:10.1017/S0022216X15001212.

Celestina, Mateja. 2018. 'Living Displacement: The Loss and Making of Place in Colombia'. In *Living Displacement*. Manchester University Press.

Dávila, Luis Felipe. 2018. *Reglas, Crimen y Orden: Un Estudio Sobre La Seguridad En Medellín*. La Carreta.

Fullilove, Mindy Thompson. 2016. *Root Shock: How Tearing up City Neighborhoods Hurts America, and What We Can Do about It*. New Village Press.

IDMC. 2023. *Global Report on Internal Displacement 2023*. https://www.internal-displacement.org/global-report/grid2023/.

Lombard, Melanie, Jaime Hernández-García, and Isaac Salgado-Ramírez. 2023. 'Beyond Displacement: Territorialization in the Port City of Buenaventura, Colombia'. *Territory, Politics, Governance* 11 (7): 1324–1343. doi:10.1080/21622671.2021.1908160.

Marzi, Sonja, and Rachel Pain. 2024. '"Volviendo a Vivir" (Coming Back to Life): Urban Trauma, Activism and Building Emancipatory Futures'. *Urban Studies*, 00420980231213730. doi:10.1177/00420980231213730.

Massey, Doreen. 2005. *For Space*. London, Thousands Oaks, New Dehli: Sage.

Massey, Doreen. 2009. 'Concepts of Space and Power in Theory and in Political Practice'. *Doc. Anál. Georgr.* 55: 15–26.

McDermott, Jeremy. 2017. 'The BACRIM and Their Position in Colombia's Underworld'.*InSightCrime2*.https://insightcrime.org/investigations/bacrim-and-their-position-in-colombia-underworld/.

Meertens, Donny. 2012. 'Forced Displacement and Gender Justice in Colombia'. *Case Studies on Transitional Justice and Displacement*.

Moncada, Eduardo. 2016. 'Urban Violence, Political Economy, and Territorial Control: Insights from Medellín'. *Latin American Research Review* 51 (4). Cambridge University Press: 225–248. doi:10.1353/lar.2016.0057.

Montoya Ruiz, Ana Milena. 2013. 'Seguridad Humana Para Las Mujeres En Las Ciudades: Reflexiones Para Políticas Públicas Urbanas Con Enfoque de Género'. *Estudios Socio-Jurídicos* 15 (1): 23.

Oslender, Ulrich. 2016. 'The Banality of Displacement: Discourse and Thoughtlessness in the Internal Refugee Crisis in Colombia'. *Political Geography* 50 (January): 10–19. doi:10.1016/j.polgeo.2015.08.001.

Steele, Abbey. 2017. *Democracy and Displacement in Colombia's Civil War*. Cornell University Press. doi:10.1515/9781501709753.

Unidad de Víctimas. 2023. https://www.unidadvictimas.gov.co/es/registro-unico-de-victimas-ruv/37394.

Vélez-Torres, Irene, and Jytte Agergaard. 2014. 'Political Remittances, Connectivity, and the Trans-Local Politics of Place: An Alternative Approach to the Dominant Narratives on "Displacement" in Colombia'. *Geoforum* 53 (May): 116–125. doi:10.1016/j.geoforum.2014.03.001.

CAPÍTULO 6
Retos urbanos y reconstrucción de la vida en la ciudad

Ana Nury Quintero Solís, Ana Patricia Zapata Z., Angélica María Umaña V., Angie Yisel Ortiz, Bertha Inés Torres Rodríguez, Elvira Patiño, Ingrid Tatiana Rincón Castro, Isela Quintero, Jessica Lorena Medina Patiño, Laura Inés Quintero, María Eugenia Cataño, María Leticia Mesa Ortiz, Mariela Leonor Echeverría, Marisol Cely Echeverría, M Yovana Hernández A., Mille Casierra, Nancy Callejas, Nury Tique Andrade, Rosa Lidia Torres, Sara Moreno, Yesenia Agudelo Ortiz, Yamile García V., Ana María Díaz Restrepo, Lina María Zuluaga García, Carolina Dorado Lozano, Sonja Marzi, Rachel Pain, Jen Tarr

Introducción

En este capítulo, nuestras coinvestigadoras continúan compartiendo las experiencias que han vivido durante el proceso de reconstrucción de sus vidas tras verse desplazadas de manera forzada a las ciudades de Bogotá y Medellín. En el capítulo 5, proporcionaron testimonios detallados de sus experiencias de desplazamiento. Aquí, se enfocan en los retos que se enfrentan al llegar a la ciudad y en cómo se dispusieron a reconstruir sus vidas en sus nuevos entornos urbanos. Basándose en sus vivencias tanto individuales como colectivas, hablan sobre la diversidad de desafíos que dificultan su recuperación de las experiencias traumáticas originadas por el desplazamiento y el conflicto. Los nuevos desafíos urbanos también están relacionados con múltiples formas de violencia que convergen y persisten, perpetradas por seres queridos, grupos armados, otras personas de la ciudad y el propio Estado. Además, muchos de los desafíos urbanos aquí descritos por las participantes se encuentran relacionados con la violencia vivida a causa de los desplazamientos, también con el conflicto. Por lo tanto, en lugar de ser capítulos aislados, los capítulos 5 y 6 constituyen mitades entrelazadas de la historia íntegra de las mujeres. Para ellas, el conflicto colombiano no termina simplemente cuando dejan atrás sus vidas en el campo; por el contrario, se sienten desarraigadas, abandonadas por el Estado, y se ven obligadas a enfrentarse a nuevos desafíos. No obstante, estos desafíos también constituyen catalizadores de su crecimiento individual y colectivo; las mujeres han llegado a sentir un gran cariño por sus ciudades, particularmente por los barrios y las comunidades en los que residen. En lugar de proceder como "víctimas pasivas del conflicto", reconstruyen sus vidas de manera activa y participan en diversas formas de activismo a diferentes escalas. Sus sueños y esperanzas para su futuro urbano se exponen en más detalle en el capítulo 7.

El impacto del desplazamiento: desafíos urbanos cuando se reconstruye la vida

América Latina es la región más urbanizada del Sur global. En Colombia, se calcula que el 75,5% de la población reside en zonas urbanas, lo que equivale a un incremento del 38,3% desde la década de los 50 (OECD 2022). Este acelerado crecimiento urbano se debe en gran medida a la migración desde las zonas rurales a la ciudad (OCDE 2022). Sumado a ello, la población femenina en las ciudades latinoamericanas, incluidas las de Colombia, ha aumentado progresivamente (Chant y McIlwaine 2016). En Colombia, las mujeres pueden optar por migrar a las ciudades porque en estas hay más oportunidades educativas y laborales, un mayor acceso a servicios, y diferentes normas y dinámicas patriarcales en comparación con las zonas rurales (Chant y McIlwaine 2016; Hume y Wilding 2020; Marzi y Pain 2024; McIlwaine *et al.* 2020) y, por supuesto, como se describe en el capítulo 5, a causa de aquel conflicto que por más de 50 años ha provocado un desplazamiento masivo desde los hogares rurales. En los últimos años, alrededor de 2,6 millones de refugiados venezolanos se han asentado en Colombia (OCDE 2022). El 40% de la población urbana de Colombia reside en cinco ciudades. De estas, Bogotá y Medellín son las más numerosas: Bogotá tiene una población de 7,4 millones de habitantes; Medellín, de 2,4 millones; Cali, de 2,2 millones; Barranquilla, de 1,2 millones y Cartagena tiene 1 millón de habitantes (OCDE 2022). Como consecuencia del conflicto y el desplazamiento forzado asociado a este, tanto la periferia de Bogotá como la periferia de Medellín han experimentado un crecimiento considerable. En estas ciudades, los barrios informales y las zonas denominadas "invasiones" se transformaron en los nuevos hogares de muchas personas desplazadas; entre ellas, muchas de las coinvestigadoras que participaron en nuestra investigación (OECD 2022).

Ahora, nuestras coinvestigadoras viven en ambos tipos de zonas: formales u oficiales —los barrios— y en los barrios informales, que en Colombia se definen como aquellas zonas que carecen de planificación y que se desarrollan a partir de "invasiones" del terreno. Estos no se encuentran oficialmente registrados como parte de la ciudad y con frecuencia carecen de infraestructura adecuada y de acceso suficiente a servicios públicos. Los barrios donde residen nuestras coinvestigadoras también suelen conocerse como "barrios populares", un término que se utiliza para describir a algunos barrios "oficiales" registrados, aunque se usa de manera informal para referirse a cualquier tipo de barrio de nivel socioeconómico más bajo. Es importante destacar que el término "populares" se refiere a "el pueblo" y que, en términos generales, alude a comunidades de clase baja o trabajadora. No obstante, también tiene una connotación racial y no se usa exclusivamente en el contexto colombiano.

Sin embargo, muchas de nuestras coinvestigadoras comenzaron a vivir en barrios informales o "invasiones" cuando recién llegaron a la ciudad. Con el tiempo, cada vez más estas zonas son reconocidas como parte oficial de la ciudad; sin embargo, algunas de ellas aún residen en barrios clasificados como "informales" o "invasiones". Esto significa que corren el riesgo de volver a perder su vivienda si el Estado decidiera desalojar estos asentamientos "ilegales", ya que en ocasiones son demolidos con maquinaria pesada. En las ciudades de Medellín y Bogotá, los barrios donde viven nuestras coinvesti-gadoras se caracterizan por ser de bajos ingresos y tener un crecimiento no planificado, además de un contexto que dificulta la vida debido al escaso acceso a recursos públicos y servicios de transporte, así como por la violencia e inseguridad provocadas por las disputas entre bandas y el conflicto armado urbano persistentes (Abello-Colak y Pearce 2015; Dávila 2013; Marzi y Pain 2024; Oviedo Hernández y Titheridge 2015).

En el presente capítulo, nuestras coinvestigadoras hablan sobre el proceso de asentamiento en su nuevo entorno urbano. La mayoría de ellas fueron desplazadas de zonas rurales del país (véase el capítulo 5 para más detalles), y el desplazamiento a zonas urbanas de Bogotá y Medellín conlleva un conjunto de desafíos específicos sobre los que conversamos en los talleres presenciales de escritura en 2023. Los impactos negativos del desplazamiento están, por lo tanto, relacionados con los desafíos que las mujeres vivieron y que aún viven en el proceso de reconstruir sus vidas en sus barrios urbanos. A nivel individual, estos desafíos pueden presentar diferencias; sin embargo, durante las discusiones en los talleres, las mujeres descubrieron que comparten muchas luchas similares en sus respectivas ciudades. La mayoría de estos desafíos y los impactos del desplazamiento son muy parecidos entre Bogotá y Medellín. Por lo tanto, en este capítulo nos basamos en las experiencias tanto individuales como colectivas compartidas por nuestras coinvestigadoras. Al igual que en el capítulo 5, las mujeres analizaron sus relatos sobre estos desafíos y deter-minaron que son representativos de las experiencias de muchas mujeres que se han visto obligadas a reconstruir sus vidas en las zonas urbanas de Colombia. En palabras de una de ellas: "No todas pueden contar su historia. Por lo tanto, otras las contamos por las que ya no están" (Isela, taller de Medellín).

En el capítulo 5, las mujeres compartieron sus testimonios de desplaza-miento, y lo vincularon a la violencia y al conflicto colombiano. Sin embargo, la violencia asociada al conflicto no se detiene en los límites urbanos. Por el contrario, el conflicto y la violencia persisten en la ciudad, y las experiencias de violencia acumuladas por las mujeres pueden tornarse más complejas, con múltiples capas e intersecciones, y abarcar formas lentas y rápidas de violencia (Christian y Dowler 2019). La ciudad sigue siendo un espacio afectado por la violencia perpetrada por grupos armados, a lo que se suman las bandas y el crimen organizado, incrementando la inseguridad con la que las coinvestigadoras deben convivir. Aún más, ellas hablaron sobre formas de violencia perpetrada por sus seres queridos, sus comunidades y el Estado, que pueden ser de tipo físico, emocional, político, económico o estructural. Pese a ello, se definen a sí mismas como más que "víctimas del conflicto", y siguen reconstruyendo y recuperándose, resistiendo y tomando acción, soñando y manteniendo viva la esperanza para construir mejores futuros urbanos para sí mismas, sus hijos, sus familias y sus nuevas comunidades (véase también Marzi y Pain 2024).

Las figuras 6.1 y 6.2 muestran la clasificación que las mujeres hicieron de los diversos desafíos que han debido superar y siguen enfrentando en las ciudades de Bogotá y Medellín. En el resto del capítulo, exponen en detalle los desafíos a los que se enfrentaron a su llegada a la ciudad, así como aquellos que perduran hasta hoy.

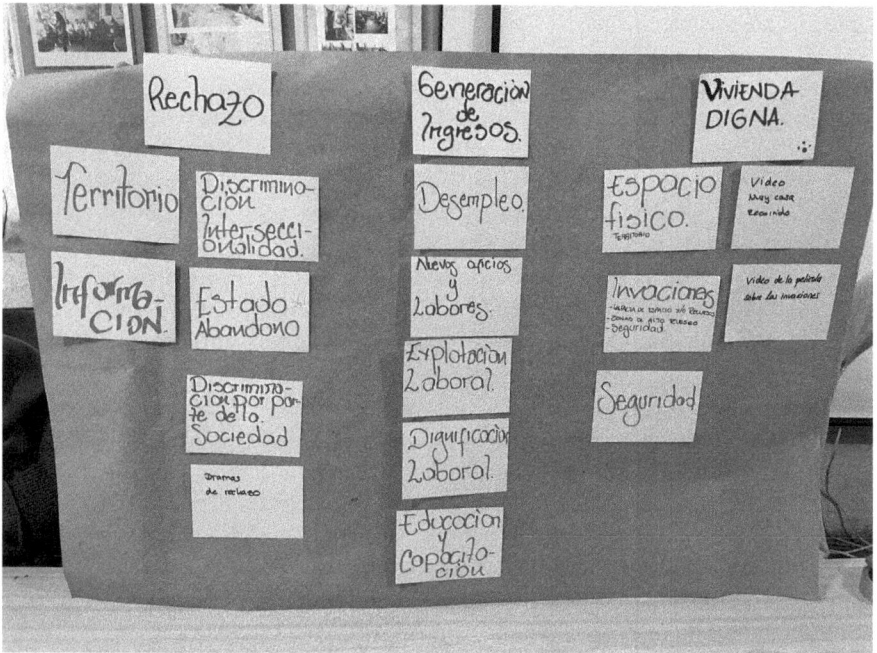

Figura 6.1 Desafíos urbanos – taller de Bogotá

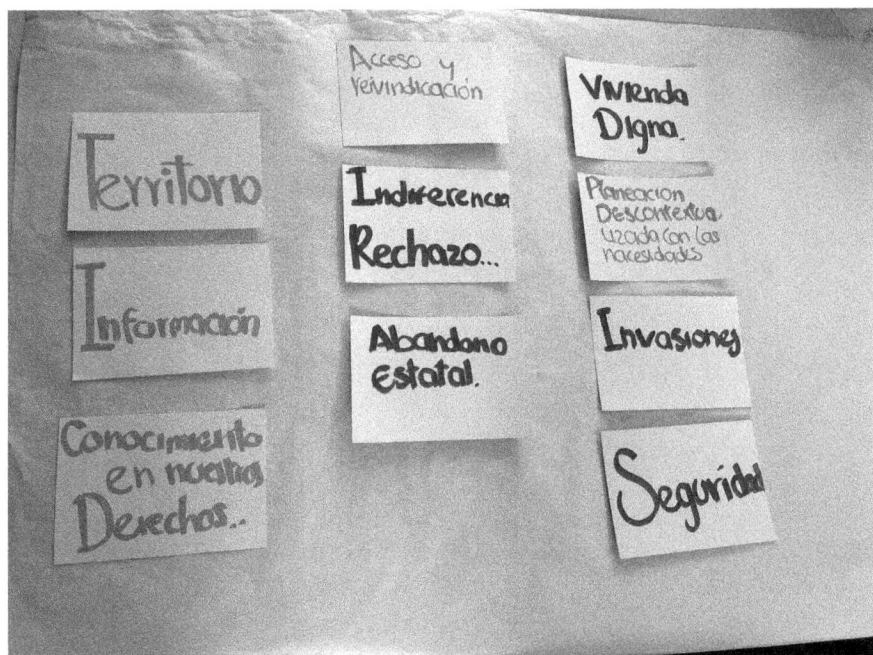

Figura 6.2 Desafíos urbanos – taller de Medellín

La ciudad desconocida

"Uno de los desafíos frente a lo que nos está juntando es reconocer las dinámicas de la ciudad, cómo se mueve, esos contrastes con los que tenemos que enfrentarnos día tras día. Reconstruirnos nosotras y las esperanzas son lo que nos permite seguir reinventándonos. Involucrar tres palabras: reconocer, respeto y réplica" (taller de Medellín).

Llegar a una nueva ciudad supone, ante todo, lidiar con lo desconocido, más allá de la experiencia del conflicto y la violencia. Las características y dinámicas desconocidas de la ciudad hicieron que el proceso de supervivencia fuera particularmente difícil al principio, y muchas de las mujeres siguen teniendo dificultades con algunos de estos aspectos. Por consiguiente, cuando hablan sobre los desafíos urbanos, las coinvestigadoras resumen su interpretación de la experiencia colectiva de dichos desafíos:

"Yo creo que el primer desafío es llegar a esa ciudad. Es un desafío, imagínense; en vez de las montañas hay cemento. Pues eso es el primer desafío. El segundo es cómo replanteamos nuestro proyecto de vida, porque solamente al yo ir a construir una casa de cuatro palos, un plástico y unas tejas para no mojarme, estoy nuevamente reconstruyendo mi vida. Cuando ya entonces entiendo que, hijo de pucha, tengo unos hijos, tengo menores de edad, no les puedo dejar morir de hambre … eso es empezar a reconstruir ese nuevo proyecto de vida, porque nos tocó salir de nuestro territorio. ¡Y eso también es algo que digo: 'no todos podemos contar la historia, porque otros la cuentan por los que no están!'" (Isela, taller de Medellín).

"Nosotros sufrimos mucho, y a veces no teníamos cama ni nada. Solamente una cajita con la ropita de cada uno. Teníamos hambre, pero los niños no, porque uno no come y le da al niño; primero ellos adelante" (Nury, taller de Bogotá)

Del campo a la ciudad: desarraigo, y pérdida del lugar y de la identidad

"Este cambio del campo a la ciudad, de estar con los hijos en la casa a esa rutina urbana" (taller de Bogotá).

En las conversaciones sobre aspectos más específicos de lo que se percibe como desafiante al migrar a la ciudad, una de las primeras cuestiones mencionadas por los grupos de coinvestigadoras tanto de Bogotá como de Medellín fue la forma de vida distinta en la ciudad en comparación con la del campo. Sus descripciones de diferentes culturas y rutinas también muestran que el desplazamiento y el ser una víctima del conflicto generan historias marcadas por la pérdida y la violencia. Las mujeres han vivido experiencias traumáticas en sus lugares de origen, durante su desplazamiento, y durante el proceso de asentamiento y reconstrucción de sus vidas en la ciudad. En los talleres, muchas de ellas recurrieron a metáforas relacionadas con el ciclo de las plantas para representar a la ciudad como una forma de desarraigo:

"Yo lo veo así, pensando en un árbol o una planta. Las raíces se quedan allí en el suelo, y el resto se lleva. Así, cuando hablamos de las raíces, es todo lo que desde el principio teníamos allá en esos lugares. Teníamos nuestra casa, nuestra familia, y todo lo que teníamos; nos toca dejar muchas cosas allá y traer el resto para acá" (Marisol, taller de Bogotá).

Migrar a la ciudad conlleva muchas pérdidas: la cultura, las amistades, la familia, las tradiciones, los animales y el alimento. Las mujeres perdieron las rutinas que proporcionaban estructura a sus días, lucharon para encontrar su lugar con las habilidades de vida que ya tenían, y se vieron forzadas a adquirir nuevas habilidades más adecuadas para la vida en la ciudad. Y, aunque la cantidad de posesiones que pudieron llevar consigo varía, todavía añoran algunas cosas que dejaron atrás y que simplemente no encuentran en la ciudad.

Por ejemplo, una de las mujeres de Bogotá explica que le resultó muy difícil acostumbrarse a la comida cuando migró a la ciudad.

"Para mí, un impacto que también fue muy fuerte fue el de las comidas. Digamos, nosotros allá [en el campo] estábamos acostumbrados a comer siempre pescado, plátano … pues, cosas buenas. Y al llegar acá [a la ciudad] … ¡yo no conocía nada de los granos! [todas las mujeres riendo de acuerdo]. Para mí fue muy impactante ver qué verduras y granos come la gente [aquí en la ciudad] … bueno, comen papas, que es como normal, pero es que para mí esto también [fue curioso]. [En el campo] comíamos muy poco la papa; allá solo hay plátano. Y por eso, eso de las comidas … a veces se pierde mucho esa tradición" (Ana Nury, taller de Bogotá).

"El sabor de la comida también es muy diferente. No es el mismo el pollo que se coge en la calle y se le mata; aquí en Bogotá todo se consigue congelado, y allá todo era fresco. Allá [nosotras] cogíamos el pescado y sembrábamos el cilantro" (Angélica y Ana Nury, taller de Bogotá).

La comida es algo muy significativo para nuestras coinvestigadoras, y todas las que viven en Bogotá coincidieron en que les resultó difícil acostumbrarse a una comida diferente. Además de carecer de las habilidades necesarias para preparar comidas urbanas, ellas consideran que la cocina del campo forma parte de sus tradiciones culturales campesinas, que sienten que se pierden al migrar a la ciudad. En este sentido, la comida pasa a formar parte de la sensación de desarraigo provocada por su desplazamiento a la ciudad (Pascua 2015).

Este desarraigo nos devuelve a lo planteado en el capítulo 5: el desplazamiento implica experiencias traumáticas propias de la pérdida de un lugar, pero también conlleva la pérdida de relaciones, del sentido del yo y de la propia identidad, todos ellos entrelazados con dicho lugar (Fullilove 2016). Estas mujeres se han visto forzadas a abandonar sus hogares y, junto con sus hogares, dejan atrás su identidad, su cultura y sus tradiciones campesinas (Celestina 2018).

Mujeres en pie de lucha

La frase "mujeres en pie de lucha" transmite la imagen que las mujeres tienen de sí mismas como luchadoras, plenas de determinación para resistir las dificultades que conlleva su migración a la ciudad. Las historias de desplazamiento recogidas en el capítulo 5 muestran que su migración a la ciudad fue involuntaria, impuesta por las necesidades económicas, la violencia doméstica y, en la mayoría de los casos, las amenazas directas recibidas de parte de grupos armados. Migraron para salvar sus vidas y las de sus hijos. No obstante, debido a la presencia de grupos armados urbanos, no todas encontraron la seguridad que buscaban en sus nuevos entornos. Nury describe que se sitió agobiada por el miedo a ser perseguida por grupos armados cuando recién llegó a la ciudad. Mientras luchaba por enfrentarse al trauma y al miedo, y preocupada por sus hijos, también tuvo que aprender a sobrevivir en la ciudad.

"Cuando yo estaba desplazada, yo vine con ese temor de que venían detrás de uno, persiguiéndonos, y más que todo los niños eran pequeños.

Y sufrimos. Y aquí aprendí a reciclar, porque yo no sabía cómo reciclar ni nada de eso. Una vecina me ha enseñado a reciclar; o sea, a ser independiente, a salir adelante por los hijos y luchar por la vivienda. Pero tenía temor de que nos vinieran a perseguir, o a los niños; para mí fue muy duro. A mí no se me ha olvidado nada. Y el niño que ahora tiene 24 años todavía se acuerda de todo lo que sucedió allí en la finca" (Nury, taller de Bogotá).

La reflexión de Nury muestra los enormes desafíos que debió enfrentar al huir a la ciudad. Dado que había pasado toda su vida en el campo, no sabía cómo ganarse la vida en ese nuevo entorno, y fue solo gracias al apoyo de una vecina que aprendió a recolectar material reciclable para venderlo y así ganar algo de dinero para alimentar a sus hijos. Todavía tiene miedo a los grupos armados; sin embargo, lo que más le preocupa es la salud mental de sus hijos, un tema que solo recientemente ha comenzado a recibir atención en Colombia (Alarcón Garavito et al. 2023; Vera San Juan et al. 2024). Angélica comparte una preocupación similar por los niños, debido a las cicatrices que el desplazamiento ha dejado en ellos y a las luchas que deben afrontar para reconstruir sus vidas.

"Sí, porque lo psicológico está como muy … muy presente. O sea, todo lo que se vive […] pues los niños lo recuerdan todavía. Para ellos todo está muy, muy presente" (Angélica, taller de Bogotá).

Inseguridad en la ciudad

La violencia y la amenaza de los grupos armados no se detuvieron en los límites urbanos y, mientras algunas mujeres (como Nury, citada anteriormente) expresaron su miedo a que las siguieran, otras explicaron que los grupos armados ya se encontraban en la ciudad. Estos podían ser guerrillas o grupos paramilitares, así como diversos tipos de bandas y de grupos de crimen organizado que ejercen la violencia en las áreas urbanas de Colombia, incluyendo los barrios de Bogotá y Medellín donde residen nuestras coinvestigadoras. No siempre es evidente qué grupo está presente o quiénes, en los barrios, están vinculados a los grupos armados.

Las mujeres explican que la pertenencia oculta a estos grupos opera de diferentes maneras en Bogotá y Medellín. Mientras Medellín es conocida por sus estructuras de crimen verdaderamente "organizado", que incluyen reglas y jerarquías (véase, por ejemplo, Abello-Colak y Pearce 2015; Moncada 2016; Sotomayor 2017), da la impresión de que es más difícil entender cómo funcionan los grupos de crimen organizado y su control del territorio en Bogotá. En consecuencia, las mujeres en Bogotá no solo temen ser atacadas —o volver a serlo— por grupos armados en términos generales, sino que también manifiestan una mayor desconfianza hacia las personas que forman parte de su entorno cotidiano. Por ejemplo, Elvira plantea: "Una no sabe quién es quién. Y una debe estar consciente de que la ciudad está llena de paramilitares y guerrillas" (Elvira, taller de Bogotá).

En los barrios más pobres de estas ciudades, la desigualdad potencia las estructuras de las bandas y los grupos armados. Particularmente para los hombres jóvenes, las actividades criminales son una forma atractiva y fácil de obtener dinero, así como una oportunidad para expresar su masculinidad (Baird 2012).

Por lo tanto, las mujeres desplazadas que viven en Bogotá sentían desconfianza —y a menudo siguen sintiéndola— hacia las personas de su entorno, especialmente cuando recién llegan al barrio urbano y aún no saben quiénes podrían pertenecer a un grupo armado. Mariela, por ejemplo, relató que, cuando se mudaron a un nuevo barrio en Bogotá porque su esposo había sido un blanco equivocado de grupos armados en su antiguo barrio, se vieron forzados a crear una historia para justificar la mudanza, por miedo a ser identificados y amenazados nuevamente.

Además del temor a ser víctimas de un nuevo ataque, hay un cambio más amplio en la naturaleza de la inseguridad en la ciudad en comparación con la del campo. Las dinámicas de violencia son diferentes en la ciudad, y tienen mayor complejidad. Hay peligros más variados al caminar por las calles de Bogotá o Medellín, por lo que las mujeres también describieron su desplazamiento a la ciudad como una pérdida de libertad.

> Ana Nury: "Otro impacto también es que se pierde la libertad. Cuando nosotras viajamos a los pueblitos, una se siente con más libertad. Acá en la ciudad una está más encerrada, vive con más desconfianza".
> Angélica: "Tres chapas aquí en la puerta".
> Ana Nury: "Sí; entonces, se pierde esa confianza de … digamos … de que salimos en cualquier momento. En cambio, allá en la finca no. Uno salía y uno no estaban pensando: 'me van a robar'" (taller de Bogotá).

En el campo, antes de que los grupos armados llegaran a su puerta, sus rutinas cotidianas solían ser más seguras y tranquilas. Cuando le preguntamos si no había ya problemas con las guerrillas y los paramilitares, Ana Nury respondió:

> "Sí, uno sabe que allá hay guerrilla y de todo, si me entiendes. Pero [aunque están ahí] uno se siente seguro de que no se meterán contigo. Luego comienzas con temores y te comienzan a amenazar, como ellos quieren tu finca [Lina: "tu finca o a ti"]. Pero sí, tú sabes siempre que allá esta la guerrilla o algo. Pero, pues, en mi caso, nosotros estábamos tranquilos, no teníamos ese miedo [el miedo en y a la ciudad] cuando llegamos acá" (Ana Nury, taller de Bogotá).

Esta diferencia significa que Ana Nury se sentía más cómoda moviéndose en su casa del campo que en la ciudad; no porque el campo fuera seguro, sino más bien porque lo desconocido de la ciudad genera otro tipo de inseguridad.

En Medellín, las mujeres también hablan sobre su temor a la ciudad después de haber sido desplazadas. Una mujer de esta ciudad cuenta cómo enfrentó el miedo constante de que le sucediera algo a sus hijas cuando llegaron a ella.

"Y el miedo cuando alguien llega aquí a la ciudad; por ejemplo, cuando yo llegué no me podía dormir por el miedo de que cogen las niñas y las violan. Ese era mi temor" (Nancy, taller de Medellín).

Nancy, que se vio obligada a abandonar su hogar en el campo (como se describe en el capítulo 5), necesitó más de diez años para reconstruir su vida, y vivió en extrema pobreza con sus tres hijas durante mucho tiempo. Durante este tiempo, sufrió muchos abusos en la ciudad, por parte de personas que se aprovecharon de su necesidad de alimentar a sus hijas y pagar el alquiler. Mencionó en varias ocasiones que tuvo miedo a la ciudad durante años. Para ella, construir una nueva vida y un hogar fue un proceso arduo, y aún menciona lo mucho que extraña su finca en el campo, donde tenían una vida buena.

Rechazo: abandono y discriminación en la ciudad

Al hablar sobre lo que encontraron al llegar a la ciudad, tanto las mujeres de Medellín como las de Bogotá señalaron que la principal dificultad a la que se enfrentaron fue el rechazo, que comprende una discriminación y estigmatización interseccionales, así como el abandono por parte del Estado.

"Un rechazo de una ciudad con una institución [Gobierno] que no está pensada para atender este tipo de violencia; una ciudad que, incluso desde la planeación, no tiene cómo atender a las víctimas [del conflicto] cuando llegan … pero que hacen parte también de ella. Entonces acá, cuando hablamos del rechazo, digamos que es eso" (Isela, taller de Medellín)".

El rechazo como discriminación

Las mujeres plantean que existen dos formas principales de rechazo. Primero, las familias desplazadas del campo enfrentaron discriminación; las mujeres relatan que no podían alquilar una vivienda ni obtener un empleo, porque la gente de la ciudad las rechazaba. Por ejemplo, las mujeres de Bogotá contaron que no podían alquilar una casa porque tenían muchos hijos, y los arrendadores no querían tener familias numerosas en sus viviendas. Además, las mujeres de ambas ciudades compartieron sus experiencias de discriminación abierta e indiferencia ante las penurias que sufrían.

"Superar la indiferencia. En una ciudad completamente desconocida, lo miran raro, como si uno fuera ladrón, con indiferencia; una ciudad donde todo es cemento y muros y necesitas saber cómo tocar puertas [mendigar], sobre todo las mamás, que no buscan protección para ellas sino para sus hijos.

Son las dos cosas: rechazo, que no te aceptan ni te ayudan; e indiferencia, 'la miro y no me interesa'" (Ana Patricia, taller de Medellín).

Algunas de ellas recibieron este trato perjudicial intersectado con el racismo, especialmente aquellas de ascendencia afrocolombiana. Aquí, el rechazo también tiene un marcado sesgo racial, lo que se suma a las diversas experiencias que llevaron a su desplazamiento y lo que vino después.

"Sí; a mí, de todas, como la que más me ha marcado fue una vez que había un puesto en un colegio y yo me iba a la cita, y (la solicitud del empleo) claramente no tenía foto. Llegué y la secretaria me dijo: '¡Ay! ¿Usted es Mille?' Respondí: 'Sí, soy Mille', y ella me dijo: 'Pero es que por teléfono no se escuchaba como voz de negra'" (Mille, taller de Bogotá).

Esta no fue una experiencia aislada para Mille, quien nos da más ejemplos de situaciones de racismo directo a las que se enfrentó.

"No podía tener acceso a un trabajo por ser negra, o a un cupo en un colegio. Llamé para pedir un cupo para mi hija y, cuando llegué, el rector me pregunto:
— ¿Usted es Mille?
— Sí, señor.
— Ah, no. No se puede, porque aquí a la gente no le gustan los negros" (Mille, taller de Bogotá).

Rechazo y abandono por parte del Gobierno

Al hablar de sus experiencias de discriminación y racismo, las mujeres también identificaron una segunda forma de rechazo: el abandono por parte del Estado y la falta de atención hacia las víctimas del conflicto que han sido desplazadas Aunque las mujeres contaban con derechos, entre ellos el derecho a indemnizaciones establecido en la Ley de Víctimas de 2011 (Weber 2020), muchas de ellas carecían de la información necesaria para exigirlos, o bien sentían temor de registrarse oficialmente, dado que la violencia que sufrían a veces era perpetrada por grupos armados del propio Estado.

"En Medellín era duro para los desplazados. Ahí surgieron también grupos de apoyo y la Unidad de Víctimas, pero primero no teníamos ayudas acá; el Estado no nos quiso ayudar. Cuando llegué al barrio París, en Bello, nos tocó llegar a vivir y dormir con las hijas sobre cartones" (María Eugenia, taller de Medellín).

"El Gobierno abandona" (Angélica, taller de Bogotá).

En Medellín, las coinvestigadoras grabaron el siguiente video en el que muestran cuán abandonadas se sintieron por el Estado cuando se vieron obligadas a dejar sus hogares y migrar a la ciudad.

Ver aquí el video V6.1 Teatro Desplazamiento Medellín (https://youtu.be/379vkjUOgSO)

Generación de ingresos (Bogotá)

La mayoría de las mujeres en ambas ciudades no tienen un contrato de trabajo formal, y muchas de ellas enfrentan problemas financieros con regularidad. Esto hizo surgir el tema de la generación de ingresos, especialmente en Bogotá, donde las condiciones de vida y los niveles de pobreza de nuestras coinvestigadoras son aún peores que en Medellín. Esto se explica por diversas razones. Bogotá es mucho más grande que Medellín, ha recibido a una amplia diversidad de grupos de personas desplazadas, y tiene un entorno más complejo, especialmente en lo que respecta al sistema de transporte, debido al tamaño de la ciudad y, en algunas zonas, a los niveles de inseguridad. Esto implica que la capacidad de las mujeres para aprovechar oportunidades que mejoren su situación económica podría ser más limitada en Bogotá en comparación con Medellín. Desde luego, no podemos inferir que este sea siempre el caso y somos conscientes de que la situación entre los diferentes barrios de cada ciudad también varía. Sin embargo, muchas mujeres se dedican a limpiar casas para generar ingresos, generalmente en barrios más acomodados que suelen estar ubicados en la zona Norte, en el extremo opuesto de la ciudad. El tiempo de traslado desde el Sur de Bogotá, donde se encuentra Ciudad Bolívar, hasta el Norte, puede prolongarse entre una y varias horas, dependiendo de las condiciones de tráfico.

En Bogotá, las mujeres dicen que luchan por encontrar trabajo y oportunidades educativas, y que, incluso cuando encuentran empleo, a menudo son explotadas. Los empleadores se aprovechan de su condición de personas desplazadas, de su falta de educación y de su situación de pobreza. Elvira, por ejemplo, explica que la explotación en el mercado laboral se manifiesta tanto en las horas de trabajo que se les exige a las mujeres como en la falta de pago de un salario digno. "Yo iba a las entrevistas en las casas de familia, y me ponían a trabajar y no me pagaban" (Ana Nury, taller de Bogotá). Ana Nury nos cuenta que iba a entrevistas para limpiar casas familiares, en las que le pedían que limpiara para ver si era una buena empleada de hogar, pero luego no le pagaban. Ella es afrocolombiana, y sus experiencias muestran de forma evidente el carácter interseccional de la violencia y el rechazo en Bogotá. De manera similar, Mille, otra mujer afrocolombiana residente en Bogotá nos cuenta que, aunque reciben una remuneración por su trabajo, esta sigue siendo insuficiente: la mayoría de las mujeres comparten que sienten que su trabajo es explotado. En palabras de Mille: "Es que una quiere trabajar, pero también que le paguen un buen salario". Todas nuestras coinvestigadoras que se identifican como de ascendencia negra o afrocolombiana en las ciudades de Bogotá y Medellín compartieron las experiencias de racismo y misoginia a las que han tenido que hacer frente en su vida cotidiana, especialmente cuando buscan trabajo.

Las mujeres, especialmente quienes vienen del campo, reflexionan sobre sus habilidades y su relación con las nuevas formas de trabajo que hay en la ciudad. Como plantea Elvira: "Eso es lo que nos falta: tener oportunidades". Ella destaca que, para poder aprovechar las oportunidades laborales que se les presenten, las mujeres necesitan tener oportunidades para aprender nuevas habilidades y recibir una formación diferente a la que obtuvieron en sus lugares de origen rurales. Sin embargo, las mujeres se sienten nuevamente abandonadas por el Estado, ya que no hay suficientes oportunidades para adquirir las nuevas habilidades que les permitirían trabajar con dignidad y evitar ser explotadas.

"En el campo, las mujeres cocinábamos y eso; pero aquí, por ejemplo, es cómo funciona el computador o cómo manejamos el computador" (Angélica, taller de Bogotá).

Debido a estos vacíos que identifican en sus habilidades, sus oportunidades laborales suelen estar limitadas a trabajos como la limpieza en casas familiares. Incluso con mayor frecuencia, recolectan material reciclable para venderlo, y muchas de ellas incluso nos contaron que tenían que "hacer vueltas"; es decir, mendigar alimentos y dinero para sobrevivir. Esto significa que el desempleo es un problema claro para estas mujeres. En particular, las oportunidades de trabajo formal en Colombia son escasas: la proporción de la economía informal en las 23 ciudades más grandes del país es de casi el 50 % (según indica el Departamento Administrativo Nacional de Estadística de Colombia en 2022, citado en *García et al.*, 2024). Se trata de un problema de naturaleza estructural que se intersecta con las diferentes formas de discriminación que las mujeres identificaron como rechazo.

Vivienda digna: un lugar decente donde vivir

Uno de los temas principales que plantearon las coinvestigadoras en ambas ciudades fue el de la vivienda digna. Esta frase abarca más que solo la casa; también incluye la zona y el barrio donde se vive, aunque la mayor parte de la discusión se centró en la casa misma. Tener un espacio propio para sí mismas y sus hijos es esencial.

> "Estuvimos buscando una vivienda y todo eso. Y alguien me dijo: 'Por allá hay una casa', y me metí a esa casa, sin baño, sin nada, nada, nada. Ni vidrios. Mi hermana fue a comprarme unos vidrios y mi suegra me ha dado para un baño. Nos tocó colocar plástico para que no entre el agua" (Mariela, taller de Bogotá).

De hecho, la búsqueda de una vivienda digna es uno de los motivos que impulsaron a las mujeres a la ciudad tras ser desplazadas:

> "A nosotras, cuando llegamos a la ciudad nos dijeron: 'Váyanse allá, a la ciudad. Como ustedes son desplazadas, el Gobierno les puede colaborar dándoles una vivienda mientras consiguen trabajo'" (Ana Nury, taller de Bogotá).

Sin embargo, sus experiencias con la búsqueda de una vivienda en la ciudad rara vez cumplieron con las expectativas iniciales.

Diferentes mujeres tienen diferentes ideas sobre lo que constituye una vivienda digna. Muchas de ellas consideran esencial que la vivienda sea de ladrillos, con piso de cerámica y que esté conectada a la infraestructura oficial de servicios, como el agua y el gas, mientras que otras consideran que una vivienda digna puede ser construida por ellas mismas con material reciclado, pero que debe tener suficientes habitaciones para cada uno de sus hijos. En el video a continuación, Nury nos muestra su casa: una vivienda grande construida completamente con material reciclado que, para ella, es su "palacio". Su prioridad es que cada uno de sus hijos tenga su propia habitación grande, que haya espacio para que la comunidad pueda reunirse a comer y que haya espacio para un jardín donde pueda plantar plantas de su hogar rural (del que fue desplazada) y enseñar a sus hijos sobre las tradiciones medicinales y alimentarias asociadas a ellas.

Ver aquí el video V6.2 Recorrido casa de Nury (https://youtu. be/jhiJmAANXz0)

Si bien el Gobierno ofrece viviendas a las personas desplazadas como parte de las reparaciones establecidas en la *Ley de Víctimas*, a menudo estas viviendas no cumplen con lo que nuestras coinvestigadoras consideran los requisitos de una vivienda digna. Estas viviendas suelen ser apartamentos de dos habitaciones, que son demasiado pequeños para familias de tres o más hijos, y sus residentes son penalizados si amplían o modifican la propiedad. Quienes provienen de zonas rurales del país ya han perdido tanto de su cultura que no quieren vivir sin, por ejemplo, algún tipo de jardín que les permita recuperar al menos parte de sus tradiciones y cultura en la ciudad.

"Nos sacaron de un lugar porque estábamos en riesgo, porque se iba a caer la casa, para meternos a una casa que parece un palomar. Nos metieron en cuatro paredes llenas de polvo, de humedades; a muchos, el sanitario y las llaves se les dañó; cae humedad a los otros pisos; mala calidad de la construcción. Y si hacemos los arreglos a los apartamentos, ahora resulta que el Estado nos sube el estrato. Los arreglamos para tener una calidad de vida mejor, pero nos suben el estrato; los servicios suben, hay que pagar administración, estamos abandonados por el Estado" (Yovana, taller de Medellín).

Tal y como explica Yovana, el entorno de las viviendas proporcionadas por el Estado con frecuencia no ofrece unas condiciones de vida dignas y seguras. Quienes solo reciben una vivienda en un edificio de apartamentos deben pagar las facturas de servicios sobre los que no tienen ningún control y, además, tienen dificultades para hacerlo, ya que no tienen ingresos suficientes. A esto se suma el hecho de que algunas viviendas y, especialmente, los apartamentos, no tienen las instalaciones necesarias. Por ejemplo, con frecuencia son demasiado pequeños para las familias desplazadas y no son adecuados para alojar a personas con necesidades especiales o a adultos mayores con dificultades para subir escaleras.

"No tuvieron en cuenta que hay personas en situación de discapacidad, adultos mayores. Construyeron siete pisos; cinco hacia arriba y dos o tres hacia abajo para ahorrar costos, y no tienen rutas seguras de evacuación" (Yovana, taller de Medellín).

Estas viviendas suelen ubicarse en barrios que tienen pocas instalaciones y escaso acceso a servicios, en otras zonas de la ciudad, lo que se relaciona con otros problemas mencionados anteriormente por las coinvestigadoras y que también son importantes para tener buenas condiciones de vida y una vivienda digna:

"Nos sentimos atados. Nos dan una vivienda, pero no nos están dando nada, porque nos sacaron de una vivienda donde teníamos todo. Nos están reubicando donde les da la gana. ¿Dónde está mi vivienda? Y ahora, peor: uno estudia una técnica y le quitan la salud o las ayudas, porque según ellos uno no puede seguir ni aprender nada. A nuestros gobernantes no les conviene que seamos grandes profesionales o que conozcamos nuestros derechos" (Ana Patricia, taller de Medellín).

"En la periferia, hay muchas cosas de la ciudad a las que no tenemos derecho. No se entregan las ayudas ni las garantías a las que se tiene derecho por ley. Las pérdidas humanas no las han reconocido. Con darnos una vivienda que no es digna, dicen que ya nos repararon, y no hemos recuperado ni la cuarta parte de lo que hemos perdido: la tranquilidad, la estabilidad, una vida más fácil con la cultura del campo. Aquí nos toca adaptarnos al robo, a la inseguridad, a la drogadicción, al abandono" (María Eugenia, taller de Medellín).

Para muchas de ellas, llegar a la ciudad significó dejar atrás su comunidad, por lo que procuraron asentarse en barrios donde vivieran familiares u otras personas de sus comunidades de origen o, al menos, de la misma región. Como el Estado no proporciona vivienda de manera inmediata, sino solo tras años de espera, las mujeres se habían asentado en sus nuevos entornos urbanos no solo a nivel físico, sino también social: estaban cerca de su familia extendida, forjaron nuevas relaciones y construyeron nuevas comunidades en las que las personas unen fuerzas para lograr que sus asentamientos informales sean reconocidos como barrios oficiales. En lugar de aceptar una vivienda que les parece inadecuada en una zona diferente de la ciudad, donde tendrían que reconstruir nuevamente sus vidas, prefieren luchar por unas condiciones de vida mejores y dignas en las zonas en las que residen actualmente.

Es por estas razones que las mujeres a veces prefieren vivir en los asentamientos informales conocidos como "invasiones", sin un permiso formal, lo que las expone a una posible intervención estatal que puede implicar, entre otras cosas, la destrucción de sus viviendas o la colocación de sus hijos bajo custodia del Estado, a menos que el asentamiento finalmente sea legalizado.

"Todos tenemos derecho a una casa digna. Nuestra casa es de puro reciclaje, pero cada uno tiene su habitación; para nosotros, eso es digno. Estamos luchando para que nos den el terreno para construir al antojo de uno. A veces, el Gobierno cree que, porque una está pobre y en una invasión le pueden quitar los hijos y llevarlos a Bienestar Familiar, pero nosotras dijimos que nos tienen que matar antes de quitarnos a los hijos o sacarnos de la casa" (Nury, taller de Bogotá).

En otros casos, el Gobierno clasifica los lugares en que las mujeres se han asentado como zonas de alto riesgo. Esto a menudo obedece a motivos ambientales, normalmente deslizamientos de tierra, que ocurren con frecuencia en Medellín, donde los barrios informales están construidos en las laderas más altas y empinadas de la ciudad, que corren riesgo durante las lluvias intensas. Entonces, las mujeres desplazadas se enfrentan a un problema que parece no tener solución, ya que no pueden elegir dónde vivir porque es el Gobierno quien decide dónde pueden acceder a una vivienda. Al mismo tiempo, las alternativas informales, como las "invasiones" que construyen, suelen estar en zonas clasificadas como de "alto riesgo" y, por lo tanto, son inseguras.

Conclusión

En este capítulo, nuestras coinvestigadoras han compartido las descripciones de algunos de los desafíos a los que se enfrentan en su calidad de mujeres desplazadas por el conflicto colombiano al llegar a las dos ciudades más grandes del país. Luchan por acceder a una vivienda, a un trabajo remunerado y por encontrar alimentos para sus familias, como les sucede a muchas personas migrantes, pero esta situación se ve exacerbada por la discriminación y el abandono por parte del Estado, o lo que ellas conceptualizan como "rechazo" en la ciudad. Estos desafíos se vuelven mucho más complejos si se tienen en cuenta la pérdida de su vida y cultura rurales, el miedo y el trauma causados por las experiencias vividas en el campo, y los riesgos significativos de las formas persistentes y nuevas de violencia urbana.

Se escriben pocas narrativas sobre la lucha urbana o los impactos del desplazamiento desde una perspectiva femenina, y nuestras coinvestigadoras no solo claman para que se escuchen sus voces, sino que, en muchos casos, también participan activamente en la política a nivel comunitario, urbano o nacional, en un esfuerzo por impulsar la adopción de medidas relativas a los temas aquí tratados. En el siguiente capítulo, nos centramos en estas acciones y en el activismo, así como en las esperanzas que albergan las mujeres mientras construyen un futuro mejor para sus familias y su comunidad en general.

Referencias

Abello-Colak, Alexandra, and Jenny Pearce. 2015. 'Securing the Global City?: An Analysis of the "Medellín Model" through Participatory Research'. *Conflict, Security & Development* 15 (3): 197–228.

Alarcón Garavito, Germán Andrés, Rochelle Burgess, María Cecilia Dedios Sanguinetti, Laura ER Peters, and Norha Vera San Juan. 2023. 'Mental Health Services Implementation in Colombia–A Systematic Review'. *PLOS Global Public Health* 3 (12). Public Library of Science San Francisco, CA USA: e0001565.

Baird, Adam. 2012. 'Negotiating Pathways to Manhood: Rejecting Gangs and Violence in Medellín's Periphery'. *Journal of Conflictology* 3 (1): 30–41.

Celestina, Mateja. 2018. 'Living Displacement: The Loss and Making of Place in Colombia'. In *Living Displacement*. Manchester University Press.

Chant, Sylvia, and Cathy McIlwaine. 2016. *Cities, Slums and Gender in the Global South: Towards a Feminised Urban Future*. New York: Routledge.

Christian, Jenna Marie, and Lorraine Dowler. 2019. 'Slow and Fast Violence: A Feminist Critique of Binaries'. *ACME: An International Journal for Critical Geographies* 18 (5): 1066–1075.

Davila, Julio. 2013. *Urban Mobility and Poverty: Lesson from Medellin and Soacha, Colombia*. Medellin: Development Planning Unit, UCL.

Fullilove, Mindy Thompson. 2016. *Root Shock: How Tearing up City Neighborhoods Hurts America, and What We Can Do about It*. New Village Press.

García, Jesús Botero, Cristian Castrillón, Alvaro Hurtado Rendón, Humberto Franco, and Christian Vargas. 2024. 'Formality and Informality in an Emerging Economy: The Case of Colombia'. *Cuadernos de Economía (Santafé de Bogotá)* 43 (91). Facultad de Ciencias Económicas: 345–373.

Hume, Mo, and Polly Wilding. 2020. 'Beyond Agency and Passivity: Situating a Gendered Articulation of Urban Violence in Brazil and El Salvador'. *Urban Studies* 57 (2): 249–266.

Marzi, Sonja, and Rachel Pain. 2024. '"Volviendo a Vivir" (Coming Back to Life): Urban Trauma, Activism and Building Emancipatory Futures'. *Urban Studies*, 00420980231213730. doi:10.1177/00420980231213730.

McIlwaine, Cathy, Miriam Krenzinger, Yara Evans, and Eliana Sousa Silva. 2020. 'Feminised Urban Futures, Healthy Cities and Violence against Women and Girls: Transnational Reflections from Brazilians in London and Maré, Rio de Janeiro'. In *Urban Transformations and Public Health in the Emergent City*, 55–78. Manchester University Press.

Moncada, Eduardo. 2016. 'Urban Violence, Political Economy, and Territorial Control: Insights from Medellín'. *Latin American Research Review* 51 (4). Cambridge University Press: 225–248. doi:10.1353/lar.2016.0057.

OECD. 2022. *National Urban Policy Review of Colombia*. OECD Publishing, Paris. https://doi.org/10.1787/9ca1caae-en.

Oviedo Hernandez, Daniel, and Helena Titheridge. 2015. 'Mobilities of the Periphery: Informality, Access and Social Exclusion in the Urban Fringe in Colombia'. *Journal of Transport Geography*. doi:10.1016/j.jtrangeo.2015.12.004.

Pascua, Marta Ruiz. 2015. 'Alimentando La Vida Frente al Desplazamiento Forzado: Memoria y Cocina Como Propuestas de Paz'. *Revista Eleuthera* 12. Universidad de Caldas: 112–130.

Sotomayor, Luisa. 2017. 'Dealing with Dangerous Spaces: The Construction of Urban Policy in Medellín'. *Latin American Perspectives* 44 (2). SAGE Publications Inc: 71–90. doi:10.1177/0094582X16682758.

Vera San Juan, Norha, German Alarcon Garavito, Monica Gonzalez Gort, Maria Cecilia Dedios, Rochelle Burgess, and Diego Lucumi Cuesta. 2024. 'What Do We Have Here? A Systematic Review of Mental Health Policy in Colombia'. *medRxiv*. Cold Spring Harbor Laboratory Press, 2024–03.

Weber, Sanne. 2020. 'Trapped between Promise and Reality in Colombia's Victims' Law: Reflections on Reparations, Development and Social Justice'. *Bulletin of Latin American Research* 39 (1): 5–21.

CAPÍTULO 7
Esperanzas para un futuro mejor

*Ana Nury Quintero Solís, Ana Patricia Zapata Z.,
Angélica María Umaña V., Angie Yisel Ortiz,
Bertha Inés Torres Rodríguez, Elvira Patiño,
Ingrid Tatiana Rincón Castro, Isela Quintero,
Jessica Lorena Medina Patiño, Laura Inés Quintero,
María Eugenia Cataño, María Leticia Mesa Ortiz,
Mariela Leonor Echeverría, Marisol Cely
Echeverría, M Yovana Hernández A., Mille Casierra,
Nancy Callejas, Nury Tique Andrade, Rosa Lidia
Torres, Sara Moreno, Yesenia Agudelo Ortiz,
Yamile García V., Ana María Díaz Restrepo,
Lina María Zuluaga García, Carolina Dorado Lozano,
Sonja Marzi, Rachel Pain, Jen Tarr*

Introducción

> "Falta la voz de las mujeres en la ciudad. El reto es defender la ciudad desde nuestra perspectiva y hacernos parte de las transformaciones de la ciudad. Si nos transformamos nosotras, podemos defender esta ciudad que también es nuestra" (Isela, taller de Medellín).

En los últimos dos capítulos, nuestras coinvestigadoras presentaron testimonios detallados de sus trayectorias de desplazamiento y los desafíos urbanos que enfrentaron, y que aún enfrentan, en forma de discriminación y rechazo por parte del Estado. Proporcionaron descripciones detalladas de las diversas formas de violencia polifacéticas interseccionales que les ha tocado vivir, entre las que se incluyen amenazas por parte de grupos armados, seres queridos y otras formas de violencia de género. Esto implica que las crisis y el trauma relacionado han estado presentes en sus vidas durante muchos años. Estas formas de violencia tienen un impacto en sus vidas cotidianas mientras intentan reconstruir sus vidas en las ciudades de Bogotá y Medellín para "volver a la vida", en sus propias palabras.

Si bien nuestras coinvestigadoras se refieren a sí mismas como "víctimas del conflicto", cabe señalar que el término "víctima" no se emplea en el sentido de ser víctimas pasivas. En lugar de esto, como se describe en el capítulo 2, se refiere a los derechos legales que tienen las víctimas del conflicto, según lo establecido en la *Ley de Víctimas* desde el año 2011 (Lemaitre 2016; Weber 2020). De hecho, en lugar de adoptar una actitud pasiva, están oponiendo una resistencia activa a las diversas formas de violencia que sufrieron en el pasado y que viven en el presente. Esta resistencia se manifiesta en sus aspiraciones y en las acciones y el activismo relacionados que llevan a cabo.

Durante el desarrollo del documental *Volviendo a vivir*, nuestras coinvestigadoras hicieron hincapié en la importancia de contar sus historias de desplazamiento a los demás y exponer los desafíos a los que se enfrentan durante el proceso de reconstruir sus vidas en la ciudad. Sin embargo, tras conversarlo más a fondo, también insistieron en que nuestro proyecto compartido no debía centrarse únicamente en lo malo. En dicha conversación se criticó la forma en que suelen representarse a Colombia y a los colombianos en relación con el conflicto y la violencia del país, lo que incluye el modo en que se ha hecho en investigaciones anteriores. Por consiguiente, aunque es importante destacar las dificultades y los desafíos a los que las mujeres se enfrentan en su vida cotidiana y en su vida en general, también plantearon claramente que las investigaciones rara vez las sitúan como lideresas luchadoras que actúan para generar un cambio positivo en sus vidas (conversación en un taller en línea de 2021), aunque ellas se perciben a sí mismas como tales. En respuesta a esto, en este capítulo se comparten algunos de sus testimonios precisamente sobre este tema: su resistencia ante la violencia y otros desafíos urbanos, sus aspiraciones para un futuro mejor, y su participación activa para promover un cambio social como parte integral de la reconstrucción de sus vidas.

Todas nuestras coinvestigadoras tienen estas aspiraciones para el futuro, y cada una de ellas está trabajando de manera constante y activa para alcanzar una vida mejor para sí misma y para sus hijos. Estos esfuerzos van más allá de limitarse a responder a los desafíos urbanos que describen en el capítulo 6: su planificación y sus acciones para trabajar por un cambio y alcanzar sus aspiraciones marcan la diferencia con respecto a meros sueños o deseos (véase Marzi 2018). Sus acciones son tanto intencionales como profundamente políticas, y se basan en un entendimiento colectivo de su condición compartida de mujeres marginadas en el contexto específico en el que se encuentran. Tener esperanza va más allá que "soñar despiertas":

> "Para mí, la esperanza es esperar con calma y avanzar sin desistir. Es una construcción de nuestro futuro, de una manera segura en el país que tantas veces y de muchas formas nos ha querido callar. Por eso siempre vamos a persistir, resistir e insistir" (Yesenia, taller de Medellín).

> "Nosotras, como mujeres, estamos enfrentando un país completo de mujeres que han vivido la misma situación que hemos vivido nosotras.

Entonces, estamos representando a esas otras mujeres también" (Yovana, taller de Medellín).

En los talleres presenciales, las mujeres discutieron estas esperanzas, aspiraciones y acciones con mayor profundidad. Sus respuestas reflejan una comprensión colectiva de lo que constituiría una vida mejor en el futuro. Aunque sus aspiraciones individuales pueden diferir, la mayoría de ellas menciona también aspiraciones y esperanzas colectivas, como tener más seguridad, mejores oportunidades laborales y educativas, y ser más respetadas como mujeres indígenas, negras, afrocolombianas y campesinas. Esto es coherente con las teorías feministas latinoamericanas, incluidas aquellas basadas en la sabiduría indígena, que entiende el activismo feminista como un esfuerzo colectivo y rechaza cualquier división binaria entre el individuo y el colectivo, entre la esfera privada y la pública, y entre lo informal y lo formal (Las Tesis 2023; Lugones 2010; Lugones 2019; Segato and McGlazer 2018). Tanto estas teorías como nuestras coinvestigadoras se perciben a sí mismas como un "nosotras" y conciben la esperanza como la lucha conjunta por los derechos compartidos y para superar los problemas colectivos. Por ejemplo, Yovana menciona que entiende que el grupo de coinvestigadoras también representa a otras mujeres que no participan en este proyecto, pero que comparten las mismas experiencias de desplazamiento y desafíos urbanos. Al mismo tiempo, éstas últimas no borran sus aportaciones o esperanzas individuales, las cuales también son visibles en los manifiestos que se presentan más adelante en este capítulo.

Resistir la violencia mediante el activismo privado y público

"Yo veo la esperanza en la juntanza que tenemos las mujeres … con un solo objetivo: que se nos cumplan nuestros derechos. Esta lucha viene desde hace tiempo por otras mujeres que ya no están, y nosotras la seguimos para que otras tengan una mejor vida cada día. Entonces, para mí, el movimiento social y salir a movilizarme me corre por las venas, y le digo que sí, que siento que estoy aportando un granito de arena para que sea mejor esta vida" (María Leticia, taller de Medellín).

Por lo tanto, la esperanza es algo colectivo, basado en la experiencia y los conocimientos compartidos, y se entiende implícitamente que las mujeres ya están trabajando para materializarla mediante la acción. Son conscientes de que puede llevar mucho tiempo y que para lograrlo se requiere perseverancia y creatividad. Pero ¿qué formas de activismo practican las mujeres? ¿Y por qué usamos el término "activismo" para estas formas de resistencia?

Hablar de "resistir" la violencia y la discriminación puede parecer una acción limitada que, solo se lleva a cabo en oposición a la diversidad de fuerzas que forman parte de la vida de las personas y que, además de ser poderosas, las despojan de poder. La violencia suele eliminar la libertad y la posibilidad de elegir. También suele reducir las circunstancias materiales de las personas, como destacaron en capítulos anteriores nuestras coinvestigadoras, mujeres que han sido desplazadas. Estas circunstancias comprenden la disminución del capital financiero y social, que de otro modo podría facilitar la recuperación y reconstrucción. Entonces, las discusiones sobre el tema de la resistencia suelen considerar las acciones de las personas solo en relación con los contextos que las restringen. Reformular estas acciones como una forma de activismo otorga un sentido mucho más poderoso a la capacidad que tienen las mujeres de cambiar sus circunstancias, por complejas que estas sean, y se ajusta mucho mejor a la manera en que las propias mujeres narran su poder y sus acciones.

No obstante, llevar esto a cabo también exige una reformulación del activismo, en formas que las feministas (especialmente las feministas latinoamericanas) han venido reflexionando durante muchos años. Los entendimientos convencionales del activismo lo enmarcan desde un lente masculino, basado en la búsqueda de acción política en espacios públicos y formales. Sin embargo, en lugar de entender el activismo como una protesta pública fuerte y desafiante, aquí las mujeres también mencionan los espacios íntimos y silenciosos, así como las pequeñas acciones que, a pesar de su naturaleza, generan cambios sociales (véase en la literatura occidental Askins 2015; Staeheli 1996). Las descripciones que las investigadoras proporcionan de sus acciones durante las discusiones en el taller resuenan con las teorías del feminismo latinoamericano (Arango-Vargas 2021; Conway 2021; Lugones 2010; Safa 1990; Segato and McGlazer 2018). Tales acciones de pequeña escala pueden constituir logros individuales, al menos al principio, pero también se expresan en el "nosotras". Por consiguiente, las aspiraciones y las acciones encaminadas a un cambio social se entienden y viven tanto dentro del colectivo como para este, como también por y para el individuo. Es importante señalar que dichas acciones o formas de activismo se consideran una parte clave del proceso de recuperación: son esfuerzos realizados para reconstruir sus vidas y obtener un mejor futuro para ellas y para sus hijos, sin por ello olvidar el pasado.

> "Dejar atrás las cargas; se trata de sanar las heridas que provienen de hogares en los que nos abusaron, pero nosotras hemos sanado porque queremos transformar a nuestros hijos. No queremos que estas historias se repitan con nuestros hijos, nuestros nietos, nuestros amigos … Hemos estado transformando todo esto y eso nos ayuda a sanar nuestras heridas" (Yesenia, taller de Medellín).

> "Tener el propio sustento; ser emprendedoras y luchadoras. El ser humano no se queda quieto y nosotras no nos quedamos quietas, nos vamos a mover siempre para hacernos visibles y reclamar los derechos que tenemos" (Ana Patricia, taller de Medellín).

Es decir, el activismo puede comprender actos individuales de sanación, cuidados y planificación para que la siguiente generación no tenga que vivir lo mismo ni arrastrar traumas del pasado. Sin embargo, las mujeres no separan el activismo entre privado y público. Como hemos señalado, las feministas latinoamericanas consideran que la concepción del activismo como algo público o privado (una base fundamental del feminismo occidental) es una división binaria artificial. En cambio, ven estos espacios en la vida de las mujeres como contiguos, y el activismo como algo que atraviesa fronteras y que cambia de forma y estrategia según el contexto en el que tiene lugar. Nuestras coinvestigadoras hablan tanto del activismo presente en sus familias como del que se desarrolla en las calles o en espacios políticos formales.

> "Las marchas [durante el Paro Nacional]. Al verlas, me gusta que la gente se meta a revolucionar para que vean que tenemos esperanza. Hay que luchar por los derechos que tenemos" (Yesenia, taller de Medellín).

> "Los reclamos [por nuestros derechos] se hacen de diferentes formas: unos salen a las calles y otras nos juntamos para construir, para hacer resistencia, para respaldar y acompañar también a quienes están en la calle" (Isela, taller de Medellín).

Conversar y trabajar juntas para resolver problemas que resultan ser compartidos es transformador a nivel emocional y psicológico, ya que ayuda desarrollar entendimiento y autoconfianza, y hace posible practicar el activismo, a menudo —como se ha mencionado anteriormente— con el objetivo de mejorar la vida de sus hijos cuando crezcan:

> "Lo que hay aquí es que somos unidas en muchas cosas, y solidarias. Estas cosas me han ayudado mucho. Mi situación es grave, pero con mis compañeras veo que hay problemas similares o más grandes que los míos. Eso me ha servido para fortalecerme; veo que no soy solo yo la de un problema, que hay mucha gente, y eso me está llenando de valor, porque en mi cabeza solo yo entendía mi problema y era cerrada. He aprendido muchas cosas" (María Eugenia, taller de Medellín).

> "Yo veo la esperanza como la lucha que tenemos para brindar algo a nuestros hijos y que ellos no pasen por las situaciones que nosotras pasamos. Que ellos puedan salir adelante y ser unas personas profesionales, sin necesidad de tocar una puerta [y mendigar], sino que ellos mismo luchen [por un futuro mejor], porque nosotras se los hemos enseñado" (María Eugenia, taller de Medellín).

Como se mencionó en los capítulos 5 y 6, las mujeres investigadoras de Medellín y Bogotá describen un proceso que llaman "volviendo a vivir". Así es como describen el proceso de reconstrucción de sus vidas en la ciudad, basándose en sus raíces y desarrollando una organización colectiva informal y redes de solidaridad. Ellas explican cómo su activismo se vuelve cada vez más colectivo y organizado a medida que se reúnen en sus comunidades, las que tienen necesidades comunes de cambio. Aunque normalmente comienza de manera informal, el activismo se vuelve más político a nivel público cuando las lideresas comunitarias establecen conexiones con otras en la ciudad y colaboran con ONG, investigadores o consejos municipales para presentar sus demandas en una plataforma incluso más amplia.

Esperanzas y sueños para el futuro: manifiestos para el futuro

"La lucha siempre sigue, buscando una esperanza sin revivir el pasado por este conflicto armado" (fragmento del poema del documental *Volviendo a vivir*).

Para comprender mejor las esperanzas y aspiraciones de las mujeres, así como el activismo asociado que desarrollan, les pedimos que profundizaran en estos temas durante los talleres de Bogotá y Medellín. En Bogotá, las mujeres respondieron en primera instancia con sus aspiraciones individuales. Muchas de estas esperanzas constituyen una respuesta directa a los desafíos urbanos que señalaron en el capítulo 6, tales como tener un mejor acceso a educación y a oportunidades laborales, tener una vivienda propia y sentirse más seguras en sus barrios y ciudades:

> "El arte; me gustaría que hubiera espacios donde la gente pueda participar más fácilmente. Hay espacios, pero no son tantos. También el deporte; que se promuevan distintos deportes. La educación gratuita; que las personas que quieran acceder lo puedan hacer. También el trabajo estable, para poder hacer más cosas en la vida, como viajar. A mi familia le gustan mucho el arte y el deporte y, cuando tenemos la oportunidad, vamos a ver obras de teatro gratis. A las niñas les gustan. Yo veo el arte y la cultura como herramientas de transformación y superación de dificultades" (Marisol, taller de Bogotá).

Algunas de sus esperanzas y aspiraciones trascienden dichos desafíos. Un ejemplo interesante, mencionado arriba, es la esperanza de que existan más espacios creativos, tanto para los niños como para ellas mismas, que ofrezcan diferentes formas y espacios artísticos, ya que el arte inspira esperanza y es una herramienta de transformación. En particular, nuestras coinvestigadoras en Bogotá usan el arte en su tiempo personal y en trabajos comunitarios, ya que lo perciben como una herramienta de transformación y como una forma de reconectarse con sus raíces culturales. En este sentido, el arte ofrece un enlace a los lugares de los cuales han sido desplazadas y a una cultura que temen estar perdiendo. Como plantea Mille, la música y el canto mantienen viva su cultura afrocolombiana del Pacífico en la ciudad.

> "El arte, que es parte fundamental para la transformación y nos da esperanza. Y para mí, como mujer afro, es indispensable el arte. Es importante para conectar con las raíces, [las personas afrocolombianas del Pacífico] somos cantoras y de arrullos; [el arte] se conecta con la gente y el arte también se hace para conectar con las tierras y raíces. Esta música sirve para la fertilidad, para la comida" (Mille, taller de Bogotá).

Además de este deseo de usar el arte, y en una línea similar, otras mujeres añadieron sus aspiraciones de tener más áreas de jardín o viviendas diferentes. Esto también les ayudaría a conectar con sus raíces gracias a la siembra de plantas originarias de las zonas de las que fueron desplazadas o a la posibilidad de tener algunos animales.

Sus aspiraciones de emplear el arte como medio de expresión y una herramienta para generar cambios se concretaron mediante esta investigación con el paso del tiempo. Durante otras conversaciones llevadas a cabo en los talleres de Medellín y Bogotá, las mujeres tomaron la decisión colectiva de escribir manifiestos de sus esperanzas y aspiraciones. Aunque estos manifiestos tienen solo unas pocas líneas, representan el resultado de largas discusiones llevadas a cabo durante varias horas, sobre las aspiraciones o esperanzas para su futuro y, lo más importante, en relación con las trayectorias que han recorrido hasta el lugar en que están hoy.

La idea de usar manifiestos fue una propuesta de Carolina, una de las investigadoras colombianas de nuestro equipo. Explicó esta técnica a las mujeres junto a Lina, también una investigadora colombiana, del siguiente modo:

> Carolina: "Tiene mucho que ver con [...] la idea de plantear o mostrar una posición. De eso se trata un manifiesto. Por ejemplo, la Declaración de los Derechos Humanos es un manifiesto que se completó en una plaza pública".
>
> Lina: "Es algo así como ideas, o una manera de expresar una esperanza o un deseo. Una manifestación es diferente [...], pero el manifiesto es un documento donde una dice, por ejemplo, qué es lo que las mujeres demostramos, queremos o esperamos".

Los manifiestos son a la vez una expresión de los deseos, un plan para el futuro y una llamada a otras personas a tomar acción. En el lenguaje cotidiano (que varía en español e inglés), los manifiestos se entienden como una forma de protesta, declaraciones de intención política y proyecciones futuras de estrategias dirigidas a generar un cambio social. Así es como entendemos el uso que las mujeres dan a este método aquí. Sus ideas, esperanzas y planes, nacidos de un profundo debate, se resumen en textos concisos e ilustraciones de la artista Ana María Díaz Restrepo, quien trabajó con las mujeres para crearlas. Los manifiestos se convierten en una herramienta poderosa para representar aspiraciones colectivas.

A continuación, primero revisamos los manifiestos creados por las coinvestigadoras de Bogotá, seguidos por los de las mujeres de Medellín. En Bogotá, las mujeres redactaron manifiestos individuales, mientras que las coinvestigadoras de Medellín optaron por crear una versión colectiva que se expone final.

Muchos de los manifiestos redactados en Bogotá comienzan exponiendo las aspiraciones y esperanzas individuales de las mujeres para su futuro. No obstante, como hemos señalado, a medida que continuaban las discusiones, las coinvestigadoras hacían ver cada vez más que sus esperanzas y aspiraciones debían entenderse, en realidad, como originadas de y dirigidas a todo el colectivo de mujeres desplazadas. Debido a esto, cada manifiesto debe leerse también como un "nosotros", incluso donde dice "yo". Por ejemplo, la oración puede comenzar con "yo": "Yo soy una mujer indígena ..." (manifiesto B) o "Yo como mujer negra sueño con ..." (manifiesto D); sin embargo, su intención

Soy una mujer indigena
Pijao luchadora,
emprendedora y
aspirante a rehacer una
vida digna para mis hijos,
mis nietos y futuro

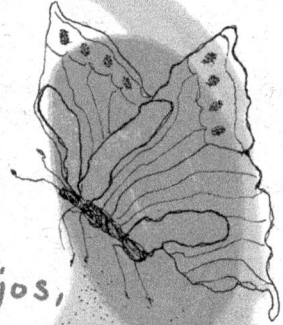

Yo como mujer y madre
emprendedora sueño con
cumplir mis metas y
sacar a mi hijo adelante
y disfrutar una vida
llena de esperanza

Figura 7.1 Manifiesto A (ilustraciones: Ana María Díaz Restrepo)

Soñamos lograr tener
oportunidades laborales, de
educación, alimentación y
también para que nuestros hijos
tengan un mejor horizonte para
el futuro

Esperamos reconstruir y plantear
un nuevo proyecto de vida con
nuestros derechos y libertad

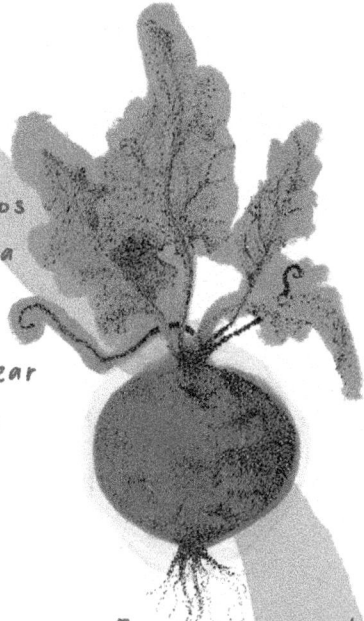

En un país que de
tantas formas nos ha
querido silenciar, es
una exigencia
participar activamente
en los espacios de
decisiones importantes
como mujeres
corresponsables y
empoderadas

Figura 7.2 Manifiesto B (ilustraciones: Ana María Díaz Restrepo)

Yo como mujer joven soñadora y
madre, sueño con ayudar a dar
estabilidad a mi familia, poder
viajar y conocer
Como mujer soñadora
quiero luchar por
mi felicidad

Quiero luchar por un mundo mejor como mujer

En mi ser anhelo un mundo
mejor donde los niños jueguen
sin miedo, los jóvenes con un
futuro y los mayores no sean
aislados

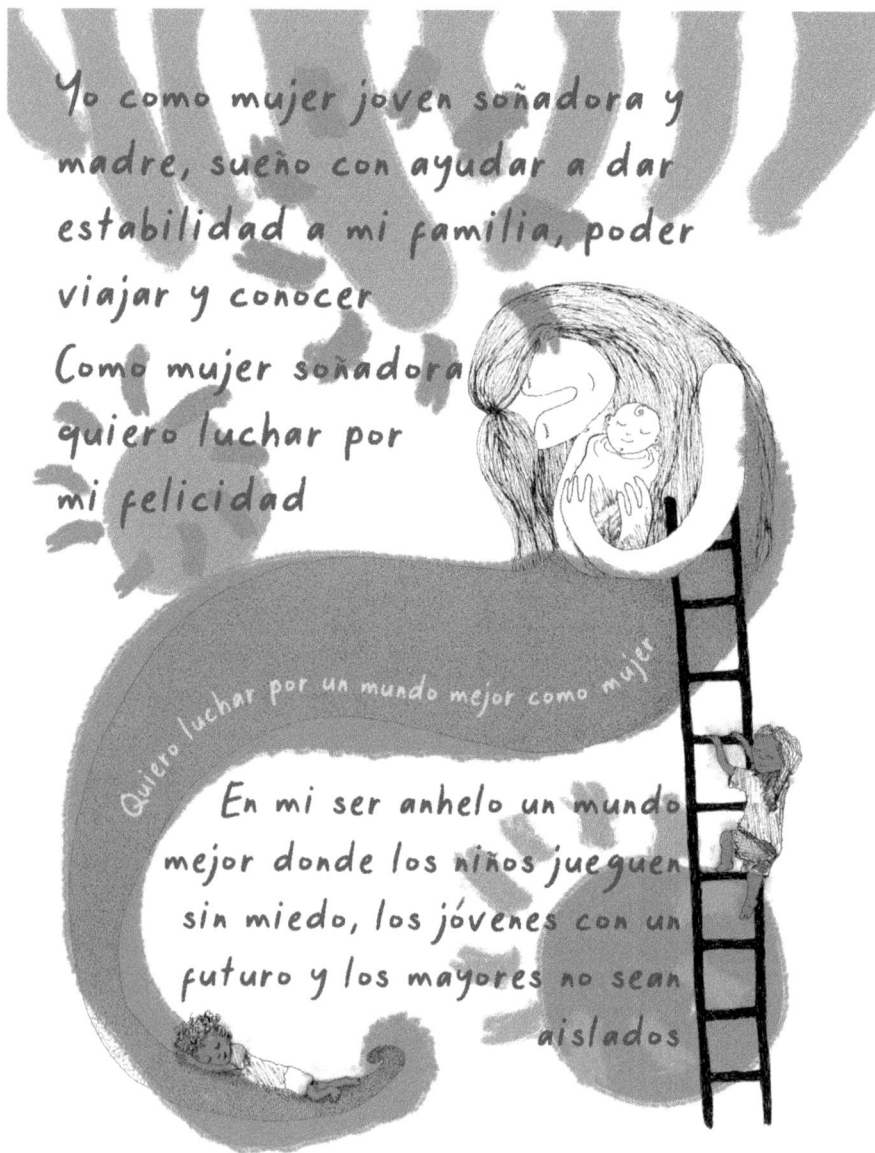

Figura 7.3 Manifiesto C (ilustraciones: Ana María Díaz Restrepo)

Yo como mujer negra sueño con que se respete mi gente, que se respete mi lucha, que se dignifique mi trabajo y mi labor comunitaria

Como mujer afro mi mayor sueño es estar con mi familia, que tengamos tiempo de calidad juntos, que nuestra calidad de unión y felicidad no sea separada por un trabajo ni a distancia

Figura 7.4 Manifiesto D (ilustraciones: Ana María Díaz Restrepo)

Como mujer
luchadora
quiero seguir
cumpliendo
metas de mis
aprendizajes
y enseñar a
otros a
cumplir sus
sueños

Figura 7.5 Manifiesto E (ilustraciones: Ana María Díaz Restrepo)

Yo como mujer campesina, lideresa social y defensora de DDHH deseo apoyar y construir para el cambio de nuestro país, sueño con seguir siendo independiente, humilde y seguir trabajando para el pueblo

Figura 7.6 Manifiesto F (ilustraciones: Ana María Díaz Restrepo)

es representarse no solo a sí mismas, sino a todas las demás mujeres indígenas y negras desplazadas en Colombia que comparten sus vivencias, sus luchas y sus esperanzas.

En segundo lugar, las mujeres coinvestigadoras de Bogotá usan dos términos específicos cuando hablan sobre sus aspiraciones y la posibilidad de alcanzarlas: uno de ellos es "luchadora", y el otro es "seguir adelante". Utilizan ambos términos cuando se refieren al activismo que practican para reconstruir sus vidas y crear un futuro urbano mejor.

En Medellín, las mujeres coinvestigadoras no escribieron manifiestos individuales. En su lugar, se plantearon el objetivo de crear un manifiesto colectivo desde el principio de su trabajo grupal. Para hacerlo, se dividieron en tres grupos que lo discutieron durante tres horas y, después, decidieron cómo compilar los contenidos que habían elaborado juntas. Plantean, de formas similares a las mujeres de Bogotá, que su posición colectiva debe ser visible en el manifiesto (y en este libro), ya que el objetivo es dar a otras mujeres la posibilidad de identificarse con las historias contadas.

> "Aquí hacemos un manifiesto colectivo. ... Lentamente, nos fuimos abriendo a poner otras voces. No fue solamente las voces de nosotras, creo que en esa mirada eso es lo importante, del colectivo, así en ese libro va a estar para que otras mujeres se sientan también identificadas" (Isela, taller de Medellín).

"Yo pienso en cómo estamos trabajando colectivamente y en que todas tenemos historias de vida tan similares" (Ana Patricia, taller de Medellín).

Posteriormente, Ana, la artista, elaboró un retrato de cada una de las mujeres y, usando sus palabras (reproducidas a continuación), creó una animación corta disponible en el siguiente enlace:

Ver aquí el video V7.1 Collective Manifesto Medellin_Spanish (https://youtu.be/kGYJ7edW_Mc)

> "Nosotras, como mujeres tenemos la esperanza y confiamos en el futuro de manera segura; soñamos con construir un país libre para las mujeres niñas, jóvenes y adolescentes; sin violencias; que se acabe el miedo al salir a las calles; que se respeten nuestras diferencias sin ninguna discriminación.

Soñamos con lograr tener oportunidades laborales, de educación, alimentación, y también para que nuestros hijos tengan un mejor horizonte para el futuro. Esperamos reconstruir y plantear un nuevo proyecto de vida, con nuestros derechos y libertad. En un país que de tantas formas nos ha querido silenciar, es una exigencia participar activamente en los espacios de decisiones importantes de nuestro país, como mujeres corresponsables y empoderadas".

Estas esperanzas y aspiraciones tenían un carácter más colectivo que en Bogotá. Esto no es de sorprender, ya que las mujeres en Medellín suelen trabajar juntas de manera más cercana. En gran parte, esto se debe a que se trata de una ciudad mucho más pequeña, en la que es más fácil interactuar que en Bogotá. Sin embargo, también la historia misma de la ciudad ha generado dinámicas diferentes dentro de las comunidades y entre ellas

Figure 7.7 Illustracion Mujeres Bogotá

Figure 7.8 Illustracion Mujeres Medellín

Conclusiones

Las aspiraciones y esperanzas no son más que sueños, salvo que se haga el intento por alcanzarlas (véase también Marzi 2018; Marzi 2022). Las mujeres coinvestigadoras de ambas ciudades aspiran a un futuro mejor y trabajan cada día para conseguirlo, y sus acciones, presentadas en este capítulo como "activismo", pueden adoptar distintas formas y escalas, pero siempre buscan generar un cambio social. El activismo puede comenzar en la esfera privada, mediante acciones individuales de cuidado, planificación y esfuerzo por alcanzar un futuro mejor para las mujeres y sus hijos. Sin embargo, en muchos casos estas se convierten en luchas colectivas más organizadas, ya que las mujeres se reúnen y descubren que comparten muchas de sus vivencias y sus esperanzas futuras. Su activismo se desarrolla día a día y perdura por años, en lugar de ser algo pasajero o de gran visibilidad. Los caminos para alcanzar un cambio son múltiples y simultáneos, y están siempre cambiando a través del tiempo y el espacio (Marzi y Pain 2024; Murrey 2016).

En nuestro proyecto, los manifiestos se convirtieron en una forma clave de representar las esperanzas y la acción. Crearlos no fue un método planificado, sino una técnica que Carolina sugirió en un taller y que podría ayudar a las mujeres a expresar y representar sus aspiraciones y reclamos. Nuestras coinvestigadoras lo adoptaron con entusiasmo y lo desarrollaron. Elaboraron el texto resumen en los talleres y, basándose también en su testimonio más amplio, Ana hizo visibles sus esperanzas y reclamos a través de su arte.

Los manifiestos creados se han convertido en un resultado clave del proyecto, ya que ofrecen una representación impactante, directa y conmovedora de nuestros hallazgos. Las mujeres solicitaron que se hicieran postales basadas en los manifiestos, para repartirlas durante el lanzamiento de este libro. Al igual que con los otros métodos aplicados en este proyecto, el proceso de creación de los manifiestos es tan importante como el resultado: fueron las mujeres quienes asumieron el liderazgo y tomaron decisiones sobre el contenido y el diseño. Más allá de ser solo un método innovador que entrega un resultado efectivo, consideramos que, cuando los manifiestos se desarrollan en un marco participativo, es más probable que generen contenido original y significativo. Como herramientas, ayudaron a las mujeres a expresar los considerables problemas y preocupaciones que decidieron destacar mediante el vehículo del proyecto, y les proporcionaron otro medio para ser ellas quienes dirigieran la narrativa.

Referencias

Arango-Vargas, Carolina. 2021. 'Perched on a Parched Hill: Popular Women, Popular Feminism, and the Struggle for Water in Medellín'. *Latin American Perspectives* 48 (4). SAGE Publications Inc: 69–86.

Askins, Kye. 2015. 'Being Together: Everyday Geographies and the Quiet Politics of Belonging'. *ACME: An International Journal for Critical Geographies* 14 (2).

Conway, Janet M. 2021. 'Popular Feminism: Considering a Concept in Feminist Politics and Theory'. *Latin American Perspectives* 48 (4): 25–48. doi:10.1177/0094582X211013008.

Las Tesis. 2023. *Set Fear on Fire: The Feminist Call That Set the Americas Ablaze.* Verso Books.

Lemaitre, Julieta. 2016. 'After the War: Displaced Women, Ordinary Ethics, and Grassroots Reconstruction in Colombia'. *Social & Legal Studies* 25 (5). SAGE Publications Ltd: 545–565. doi:10.1177/0964663916636442.

Lugones, María. 2010. 'Toward a Decolonial Feminism'. *Hypatia* 25 (4): 742–759. doi:10.1111/j.1527-2001.2010.01137.x.

Lugones, María. 2019. 'Revisiting Gender: A Decolonial Approach'. In *Theories of the Flesh*, by María Lugones, 29–37. Oxford University Press. doi:10.1093/oso/9780190062965.003.0003.

Marzi, Sonja. 2018. '"We Are Labeled as Gang Members, Even Though We Are Not": Belonging, Aspirations and Social Mobility in Cartagena'. *Development Studies Research* 5 (1): 15–25. doi:10.1080/21665095.2018.1466720.

Marzi, Sonja. 2022. '"Having Money Is Not the Essential Thing ... but ... It Gets Everything Moving": Young Colombians Navigating Towards Uncertain Futures?' *Sociological Research Online* 27 (4): 13607804211024273. doi:10.1177/13607804211024273.

Marzi, Sonja, and Rachel Pain. 2024. '"Volviendo a Vivir" (Coming Back to Life): Urban Trauma, Activism and Building Emancipatory Futures'. *Urban Studies*, 00420980231213730. doi:10.1177/00420980231213730.

Murrey, Amber. 2016. 'Slow Dissent and the Emotional Geographies of Resistance'. *Singapore Journal of Tropical Geography* 37 (2): 224–248.

Safa, Helen Icken. 1990. 'Women's Social Movements in Latin America'. *Gender & Society* 4 (3): 354–369.

Segato, Rita Laura, and Ramsey McGlazer. 2018. 'A Manifesto in Four Themes'. *Critical Times* 1 (1): 198–211. doi:10.1215/26410478-1.1.198.

Staeheli, Lynn A. 1996. 'Publicity, Privacy, and Women's Political Action'. *Environment and Planning D: Society and Space* 14 (5): 601–619. doi:10.1068/d140601.

Weber, Sanne. 2020. 'Trapped between Promise and Reality in Colombia's Victims' Law: Reflections on Reparations, Development and Social Justice'. *Bulletin of Latin American Research* 39 (1): 5–21.

CONCLUSIÓN
¿Qué hay en un libro?

Rachel Pain, Sonja Marzi y Jen Tarr

¿Cómo podemos seguir investigando juntas cuando no podemos reunirnos en el mismo espacio geográfico?

En el capítulo 1, comenzamos este libro con esta pregunta que había fundamentado nuestro proyecto de investigación, el cual buscaba conectar a investigadores, cineastas y mujeres desplazadas en Colombia y Reino Unido para coproducir conocimientos durante la pandemia del Covid-19. Al inicio, la pregunta que nos planteábamos era de carácter muy práctico, ya que enfrentábamos desafíos en cuanto a las técnicas y la tecnología propias de llevar a cabo una investigación a tanta distancia. Si bien muchas de estas prácticas nos parecen algo común ahora que escribimos sobre ellas apenas tres años después, en aquel entonces eran completamente nuevas para todas nosotras. No obstante, en este proyecto buscábamos hacer algo más que simplemente interactuar con las participantes, como suele suceder en una investigación convencional. En el capítulo 1 reflexionamos sobre nuestra preocupación de que una de las repercusiones de la pandemia en la investigación fuera un alejamiento de los enfoques profundamente comprometidos, participativos y colaborativos que implican la coproducción de conocimientos en aras del beneficio mutuo y la transformación social. Nosotras tenemos la convicción de que estos enfoques adquieren más —y no menos— valor en tiempos de emergencia, crisis, conflicto y revueltas sociales, cuando las comunidades más vulnerables son también las más afectadas ... especialmente las mujeres, como lo demuestran los hallazgos de este libro. Por lo tanto, nuestro equipo decidió crear y adaptar un enfoque de Investigación-Acción Participante (IAP) durante la pandemia, que implicó una coproducción a distancia realizada por profesionales del ámbito académico, investigadoras de la comunidad y cineastas, con el desafío adicional de llevar a cabo el trabajo a nivel transnacional.

Rápidamente, aprendimos a usar nuevas formas de comunicación y a gestionar la tecnología necesaria, además de solucionar los problemas logísticos que surgen al crear, analizar y difundir juntas los conocimientos, sin reunirnos de forma presencial. Estos desafíos se detallan en el capítulo 3. Asimismo, desde el principio quedó claro que era necesario identificar, discutir y resolver los asuntos éticos e interpersonales a medida que nuestro trabajo avanzaba. Algunos de estos eran habituales en el enfoque de la IAP, mientras que otros eran nuevos, derivados de la modificación radical al formato de la investigación. Como hemos señalado, a medida que la investigación evolucionaba para incorporar elementos híbridos, otros obstáculos se hicieron evidentes. En términos generales, a lo largo de la vida de este proyecto hemos observado los diversos beneficios y limitaciones de la investigación participativa, ya sea a distancia, híbrida o presencial (capítulo 3).

Si bien este libro comienza con una pregunta predominantemente metodológica, y la reflexión sobre el uso de nuestra metodología audiovisual participativa híbrida pionera sigue siendo uno de sus objetivos principales, a lo largo del proceso de redacción colaborativa nos hemos dado cuenta de que ha llegado a ser mucho más que una guía de "cómo hacer". También proporciona una plataforma para los conocimientos que hemos cocreado, en la que nuestras coinvestigadoras —todas ellas mujeres desplazadas— han recopilado sus testimonios de una forma innovadora que desarrollamos cuando comenzamos a escribir juntas. Fueron ellas quienes decidieron que el libro debería adoptar esta forma: una combinación de contenidos, enfoques y métodos (los cuales, finalmente, no pueden separarse). En lugar de solicitar a las investigadoras académicas del equipo que interpretaran las palabras de las coinvestigadoras, decidimos abordar la redacción y la publicación académica desde una perspectiva diferente. Este libro visibiliza las voces de las coinvestigadoras a través del texto escrito, pero también, de manera significativa, a través de medios audiovisuales. Como explicamos en el capítulo 1, ellas son las coautoras de los tres capítulos que abordan los temas fundamentales del proyecto: el desplazamiento, los desafíos urbanos y las esperanzas y acciones con miras al futuro. Confiamos en que esto haya sido un aporte significativo a las formas de entender los temas del desplazamiento, el género y la ciudad, así como el activismo femenino y la participación de las mujeres en el cambio social en los diversos ámbitos y dimensiones de sus vidas.

Por lo tanto, este libro muestra que el uso de esta metodología permite la coproducción de un conocimiento poderoso.

Este cambio en los objetivos del libro refleja que, con el paso del tiempo, las implicancias en cuanto al tipo y contenido de los conocimientos creados mediante la IAP se hicieron especialmente claras. Y, a medida que lo trabajábamos juntas como culminación del proyecto desde nuestras ubicaciones y vidas diversas, también reflexionábamos sobre las diferencias que la coescritura, así como la coinvestigación, aportan a los resultados de una investigación. Nosotras creemos que el modelo de coautoría —que, como planteamos en este capítulo, es ciertamente parcial, incompleto e imperfecto— transformó tanto el contenido y la forma del libro como las perspectivas que este ofrece. Por esta razón, el título de este capítulo es "¿Qué hay en un libro?", ya que en él reflexionamos sobre el medio y las tradiciones de los libros académicos, y rendimos homenaje a todas nuestras colaboradoras, quienes ayudaron a darle forma.

El resto de este capítulo contiene algunas reflexiones sobre sus elementos clave. Lo hacemos con la esperanza de brindar orientaciones útiles para quienes deseen llevar a cabo un trabajo similar, ya sea una investigación realizada de forma híbrida o transnacional, o una investigación situada en tiempos y contextos de crisis.

Hacia una metodología audiovisual participativa híbrida

Reconocimiento de su potencial

Como hemos señalado, la metodología audiovisual participativa comenzó como una metodología a distancia durante la pandemia del COVID-19, dirigida a sortear la distancia geográfica cuando no podíamos reunirnos en persona. Como planteamos en los capítulos 1 y 3, esta situación forzada —la imposibilidad de reunirnos con nuestras coinvestigadoras en un mismo lugar y al mismo tiempo— nos inspiró a reflexionar sobre cómo podríamos llevar a cabo una investigación participativa y, especialmente, un video participativo a distancia en contextos de crisis, conflicto o, simplemente, por falta de recursos económicos. Descubrimos que el uso de teléfonos inteligentes ofrece múltiples posibilidades para una investigación participativa a distancia, y estamos convencidas de que los métodos desarrollados no solo son valiosos en tiempos de pandemia. También pueden ser útiles en otros contextos, ya que fomentan la inclusión de aquellos que con frecuencia no son escuchados y que suelen quedar excluidos de la participación en investigaciones. Por lo tanto, seguir ampliando los límites metodológicos para así desarrollar nuevas formas de aprovecharlos presenta un gran potencial.

En particular, llevar a cabo una investigación participativa a distancia ofrece la oportunidad de ir más allá de un período limitado de "recolección de datos" y fomenta una integración más continua de las voces de quienes participan en el proceso aunque el investigador no está siempre presente "en terreno", o incluso si nunca lo está. También puede ampliarse para incluir a los participantes en las etapas de análisis y difusión de la investigación, así como antes del inicio del "trabajo en terreno" mediante su inclusión en el proceso de planificación. A pesar de la aparente ubicuidad de la IAP, esta metodología sigue siendo algo poco frecuente, ya que son los investigadores principales quienes suelen definir, al menos de manera general, el rompecabezas y las preguntas de la investigación, antes de que otros participantes se integren al proceso. En ocasiones, esto se debe a razones estructurales e institucionales; sin embargo, siendo honestas, también refleja la reticencia del mundo académico a soltar su monopolio sobre la experiencia certificada y su control sobre cuáles temas son los más valiosos sobre los que se debe investigar. Nuestro diseño de investigación, por el contrario, fue flexible en todo momento, y las participantes proporcionaron información y modificaron continuamente las preguntas y el enfoque del proyecto de manera positiva, como hemos descrito en este libro. Este tipo de participación desde diferentes lugares geográficos genera nuevas preguntas sobre qué abarca "el terreno" y lo que comprende en cuanto a la generación de conocimientos. Esto es potencialmente mucho más amplio que como suele entenderse habitualmente, que se reduce a la "recolección e interpretación de datos". En este libro, planteamos que "el terreno" es más que un espacio geográfico donde el investigador recoge datos físicamente. Se trata de un proceso de investigación coproducido por completo con los participantes, en el que nadie necesita estar presente al mismo tiempo en el mismo lugar en ningún momento.

Los métodos audiovisuales también permiten una mayor inclusión desde la distancia, ya que favorecen un desarrollo más acabado de las ideas y los hallazgos que los métodos conversacionales, como exponemos en los capítulos 3 y 4. En este proyecto, nos basamos en la experiencia que las integrantes de nuestro equipo tienen sobre la tradición latinoamericana del cine comunitario feminista (véase el capítulo 4), donde la creación de espacios para que las mujeres compartan sus experiencias es tan importante como el mero acto de capturar material audiovisual. Cuando se aplican en línea, los límites de los métodos textuales y verbales se hacen evidentes, ya que suponen un enfoque bastante reduccionista, en el que nos vemos forzadas a renunciar no solo a las claves visuales y corporales propias de una investigación presencial, sino también a los beneficios sociales de estar todas juntas en un mismo lugar. Además, como muchos críticos han señalado, es posible que las personas participantes no se sientan cómodas con los métodos escritos (véase Beebeejaun *et al.* 2013) y que, tal vez, prefieran expresar sus conocimientos de formas más creativas. Ciertamente, este fue el caso en nuestra investigación, incluso en el proceso de coescritura de este libro.

Reconocer los desafíos

Sin embargo, aunque la investigación participativa a distancia tiene un enorme potencial a futuro, también debimos enfrentar importantes desafíos al realizar nuestra investigación exclusivamente en línea. Como describimos en el capítulo 3, estas limitaciones nos llevaron a adoptar un diseño de investigación híbrido cuando las circunstancias lo permitían. En primer lugar, hay desafíos tecnológicos, especialmente cuando se trabaja con personas que tienen recursos limitados para adquirir equipos como computadores y contar con una buena conexión a internet. Para mitigar esto en cierta medida, financiamos los datos que utilizaban, pero a veces las conexiones seguían siendo inestables. Nuestras coinvestigadoras demostraron habilidades impresionantes a lo largo del proyecto: colaboraron con nosotras durante diez meses utilizando únicamente sus teléfonos inteligentes y, en ocasiones, varias mujeres aparecían compartiendo una misma pantalla. Sin embargo, este medio a veces limitaba su capacidad de concentrarse y participar durante períodos más prolongados. Al estar limitadas a una pantalla pequeña, a menudo con el sonido inadecuado de los teléfonos inteligentes agravado por el ruido ambiental, no siempre les resultaba fácil concentrarse durante horas en todas las discusiones que sostuvimos en línea.

En segundo lugar, la tecnología genera problemas en cuanto a quiénes controlan la discusión. Las discusiones en línea no son tan fluidas como las discusiones presenciales, lo cual es inevitable; sin embargo, esto se agudiza cuando los participantes son personas que no se conocen bien. Dado que solo puede hablar una persona a la vez, intercambiar ideas y desarrollar los puntos de los demás resulta más difícil en un espacio virtual por Zoom que de manera presencial. Las discusiones son más difíciles en línea y requieren buenas habilidades de facilitación, lo que, a su vez, puede generar cuestionamientos en relación con el poder y el control académico, aspectos que buscábamos desafiar mediante el uso de métodos participativos. Como facilitadoras con experiencia, quizás hicimos todo lo posible por incentivar a todas a participar en los talleres en línea y evitar que las voces más fuertes acapararan la conversación. Sin embargo, para lograrlo fue necesario asumir una posición más dominante, como facilitadoras con la autoridad de limitar las contribuciones de otras coinvestigadoras.

En tercer lugar, las cuestiones éticas vinculadas con la investigación de temas traumáticos pueden agudizarse cuando esta se realiza en línea. En nuestro caso, debido a la naturaleza tremendamente personal del material recopilado a través de medios audiovisuales y a la ética de coproducción propia del proyecto, el anonimato no era posible, ni, en última instancia, deseable. Por consiguiente, nuestras coinvestigadoras sabían que podrían compartir experiencias similares sin, necesariamente, compartir la forma ni los aspectos específicos de tales experiencias, especialmente al inicio. Evidentemente, el desplazamiento es un tema sensible, que en ocasiones llevaba a nuestras coinvestigadoras a revivir el trauma de la violencia sufrida en el pasado y que, aún hoy, continúan padeciendo. Por lo tanto, nosotras adoptamos todas las precauciones posibles y discutimos frecuentemente las cuestiones éticas de consentimiento y cuidado con ellas. Además, en principio, existen formas de llevar a cabo discusiones colectivas sobre temas específicos sin entrar en experiencias personales; no obstante, esto requiere un proceso de facilitación muy cuidadoso y podría argumentarse que refuerza una división artificial entre lo personal y lo general. No obstante, seguimos creyendo que es preferible compartir relatos personales de experiencias y circunstancias difíciles en conversaciones dentro de talleres y espacios presenciales. Esto no se debe únicamente a que permite una discusión más fluida, en la que las mujeres pueden hacer contacto visual durante la conversación y tener la seguridad de la presencia física mutua, sino que también, y lo más importante, estos espacios permiten forjar relaciones de confianza a un nivel difícil de lograr en línea. Como se describe en el capítulo 3, esta fue parte de la razón por la cual Sonja visitó a las coinvestigadoras de manera presencial para realizar un trabajo de seguimiento: para que el grupo se sintiera más relajado y para conversar de forma individual sobre las historias traumáticas personales, en un contexto en el que cada mujer se sintiera cómoda al hacerlo (después de desarrollar una relación personal que lo hiciera posible). Estas conversaciones también han enriquecido la investigación general y este libro. Nosotras creemos que relaciones de confianza como estas solo pueden forjarse si las coinvestigadoras se sienten lo suficientemente cómodas y seguras para compartir sus historias, algo que puede resultar difícil de conseguir en espacios en línea. Esto habría sido aun más difícil si no hubiera habido contacto regular a lo largo del tiempo entre las coinvestigadoras que se encontraban en distintos lugares físicos.

En cuarto lugar, nuestro posicionamiento profesional y global conlleva desigualdades de poder que complican cualquier afirmación simplista de que estos métodos son de naturaleza "más decolonial". Como mencionamos en el capítulo 3, debido especialmente a su origen europeo blanco, la relación forjada entre nuestras coinvestigadoras y Sonja se volvió mucho más cercana una vez que pudo reunirse personalmente con ellas en Medellín y Bogotá. Al mismo tiempo, el hecho de que lleváramos tanto tiempo colaborando en línea antes de conocernos en persona sin duda permitió el desarrollo de una cierta confianza, estableciendo una base más sólida para que estas relaciones se volvieran cercanas y permitieran compartir experiencias tan personales. Por lo tanto, es la naturaleza híbrida de todo el proyecto —es decir, la combinación de métodos e interacciones en línea y presenciales— lo que realmente contribuyó a la cocreación de un conocimiento profundo sobre las historias de desplazamiento de las mujeres. Nos permitió pasar más tiempo juntas, durante el cual pudimos desarrollar relaciones de forma gradual y entender que la investigación no cesaba con la partida de Sonja de Colombia, sino que continuaría en línea y que las coinvestigadoras seguirían desempeñando un papel fundamental en todo el proceso, incluso después de que la investigadora principal se retirara del "terreno".

Pese a esto, aunque se desarrolló una confianza más profunda, sería ingenuo pretender que las relaciones de poder estaban completamente niveladas en este proyecto. Como se mencionó anteriormente en los capítulos 1 y 3, el uso de la coproducción y, especialmente, los principios de la investigación-acción participativa, implica que el poder debe ser compartido tanto como sea posible entre los diferentes miembros del equipo. Al mismo tiempo, dado que tanto la investigación académica como su financiamiento están posicionados en un sistema académico neoliberal, sería engañoso afirmar que existe una horizontalización de las relaciones de poder. El financiamiento otorgado a socios académicos y participantes siempre está condicionado a la producción de conocimientos que, finalmente, generen algún tipo de resultado académico. Sin duda, la creciente familiaridad, popularidad y aceptación de los enfoques participativos entre los investigadores y financiadores, así como la de los resultados basados en las artes, ha sido de gran valor para hacer que la coproducción sea más significativa en la práctica. No obstante, consideramos que la mejor manera de avanzar es ser transparentes en cuanto al tema del poder y su distribución en el contexto de cada proyecto. Esto debe abordarse siempre de manera explícita con todas las personas que están participando, entregándoles información clara sobre las restricciones, así como oportunidades para expresar sus ideas y deseos pertinentes a las actividades que les parezcan más interesantes y que puedan generar mayores beneficios.

En términos generales, si bien la investigación participativa a distancia e híbrida ofrece beneficios importantes que pueden hacerla más inclusiva y sostenible en ciertos contextos, estos beneficios distan mucho de ser automáticos. Es esencial abordarla con un enfoque crítico para asegurar que sea lo más equitativa posible. Estos enfoques requieren de un profundo compromiso con la participación igualitaria, si se pretende lograr en alguna medida, así como reconocer que los mejores planes e intenciones suelen tambalearse en la vida real. Ante todo, exigen una reflexión continua y el compromiso de abordar las desigualdades y otros problemas que surgen durante el proceso de investigación. Por lo tanto, confiamos en que otras personas adopten la investigación participativa híbrida y que este libro sea de utilidad para el diseño de investigaciones similares, así como para el continuo desarrollo de esta metodología.

Maximizar la participación

En el capítulo 1, expusimos nuestra intención de desarrollar y utilizar un enfoque de investigación participativa feminista y decolonial como marco para la coproducción de conocimientos por medio de la investigación a distancia e híbrida descrita anteriormente. Basarnos en los principios de estos enfoques nos pareció especialmente importante dado el tema de la investigación, el origen de la subvención (el Reino Unido), la ubicación del "terreno" (Colombia) y su enfoque en mujeres desplazadas, muchas de las cuales han vivido diversas formas de violencia. Por lo tanto, fundamentan muchos aspectos del diseño de esta investigación. Estos enfoques también son adecuados para la investigación-acción participativa (Lenette, 2022), como planteamos en los capítulos 1 y 3, que busca privilegiar las voces y experiencias de las participantes en calidad de investigadoras, y no como sujetos de investigación, para generar conocimientos de forma colectiva con miras a lograr un cambio social.

La desigualdad de posiciones entre las distintas integrantes del equipo, vista desde la perspectiva de un acceso desigual a privilegios globales, económicos, sociales o educativos, puede indicar, por un lado, la necesidad de adoptar un enfoque de IA que pueda desafiar la colonialidad persistente del poder y el conocimiento. Sin embargo, estas asimetrías inevitablemente dificultan también el uso de la IAP. Como señalan Kindon, Pain y Kesby (2025: 2):

> En las últimas décadas, los enfoques de IAP con frecuencia han llegado a parecer "remedios" tecnocráticos para abordar problemas, los cuales pueden ser comercializados una vez que finaliza el ciclo de financiamiento de un proyecto ... demasiado de lo que hoy se presenta como investigación-acción participativa, investigación participativa, coproducida o codiseñada dentro del contexto académico carece de una perspectiva crítica.

Los autores de este volumen reciente sugieren que, en el caso de la IAP, un enfoque "crítico" implica una práctica basada en teorías liberadoras, tales como el feminismo y las teorías antirracistas, antiimperialistas, indígenas y *queer*. Es decir, una práctica de investigación que reconozca la existencia de privilegios y que lleve a cabo una reflexión crítica y minuciosa constante sobre cómo influye el poder en los procesos participativos, en lugar de ignorar su impacto. Hemos abordado algunos de estos imperativos en los capítulos 1, 3 y 4. Pese a ello, somos plenamente conscientes del peligro que conllevan ciertas prácticas occidentales engañosas, que afirman decolonizar los procesos de investigación mientras utilizan las técnicas y el lenguaje de la inclusión para reinstalar la lógica empresarial —y la propiedad de la investigación— como de costumbre. Como es bien sabido, Tuck y Yang (2012) sostienen que la decolonización no es una metáfora, y que los proyectos "participativos" no pueden declararse liberadores mientras sigan arraigados en el aparato y las prácticas de las entidades académicas occidentales.

Hemos dado varios pasos para desafiar la colonialidad de la investigación en este proyecto y nos hemos cerciorado de que las preguntas, la elección de los métodos, los resultados y los beneficios sean algo compartido por todo el equipo en la medida que sea factible. Las mujeres desplazadas —es decir, nuestras coinvestigadoras— son mucho más que simples fuentes de datos para la investigación: sus ideas e innovaciones modifican nuestra práctica colectiva y la teorización. Además, ellas destacan el papel que desempeñan como agentes de cambio social y enfocan sus relatos y la dirección que dan a la investigación en cómo sobreviven y resisten la violencia estructural e interpersonal a la que se enfrentan, así como en sus esperanzas y metas para el futuro, en lugar de limitarse a hablar de sus traumas del pasado. Siguen así el llamado de Tuck (2009), de dejar atrás los marcos de investigación basados en el daño y pasar a un marco basado en los anhelos. La metodología también se fundamentó sustancialmente en las tradiciones colombianas de cine comunitario (véase el capítulo 4). En este enfoque, el cine no es solo un método; también se utiliza como una herramienta para la transformación y la construcción de la memoria en el contexto colombiano y, en el caso de esta investigación, cuando se trabaja con las víctimas del conflicto. Así, los métodos audiovisuales —utilizados con mucha frecuencia en América Latina como parte de procesos de cambio— vuelven a demostrar todo su potencial.

En términos prácticos, nuestras coinvestigadoras no deseaban participar en todas las etapas del proceso de investigación. Es un malentendido común asumir que el ideal de la investigación participativa radica en que todas las personas involucradas participen en cada etapa y en cada actividad. En cambio, se agrupa a las personas en función de sus habilidades y se toman decisiones sobre lo que cada una llevará a cabo. En nuestro proyecto, debido al tiempo limitado del que disponían las mujeres y a la naturaleza sensible de los temas que estaban explorando, era especialmente importante que fueran ellas quienes tomaran esas decisiones y que el resto del equipo hiciera todo lo posible para ajustarse a ellas. El documental coproducido es un ejemplo clave de ello: aunque fueron las mujeres quienes grabaron, discutieron y analizaron el material, y también quienes definieron cómo deseaban que se contara la historia, consideraron que la calidad final de la película sería mejor si las cineastas profesionales tomaban las decisiones técnicas y aplicaban su experiencia, guiadas por las coinvestigadoras y editando de manera acorde. Esto tenía más sentido que justificar su participación absoluta a expensas de la calidad de la película (aunque existen otros enfoques de video participativo en los que se prefiere la edición colectiva). En una escala más cotidiana de toma de decisiones, las mujeres participaron y opinaron en diferentes niveles en las sesiones de discusión que realizamos tanto en línea como de forma presencial. Como se describe en el capítulo 3, hubo quienes no siempre sentían ganas de compartir sus experiencias, pero que aprendían escuchando y aportaban de otras maneras. La participación mínima es una elección tan válida como cualquier otra y, por supuesto, obligar a alguien a participar es algo impensable.

¿Qué hay en un libro?

Estas preguntas en torno a la participación nos llevaron a reflexionar sobre el proceso de escritura de este libro. En el capítulo 1, planteamos que a menudo se asume que un corolario inevitable de compartir un proceso de investigación con quienes participan es su intervención en la redacción de los resultados. Sin embargo, esto es algo que rara vez sucede. En ese capítulo declaramos nuestras intenciones con respecto a la coautoría y, en los capítulos 1 y 5, explicamos la mecánica de dicho proceso, prestando especial atención a los tres capítulos empíricos (capítulos 5, 6 y 7). Aquí, fueron las coinvestigadoras quienes decidieron los contenidos, los temas y los mensajes, y también quienes cocrearon el material audiovisual, que constituye un resultado de la investigación tan importante como nuestro trabajo escrito.

En cuanto al proceso de redacción, diseñamos una serie de talleres de escritura para discutir y planificar el contenido de los tres capítulos prácticos (véase el capítulo 5). Muchas de nuestras coinvestigadoras no tienen un dominio suficiente de la lectoescritura para redactar textos largos conforme a los estándares académicos. A otras, simplemente no les interesaba escribir de esta manera. Nosotras, como académicas, debemos reconocer que la redacción académica a veces nos resulta difícil, por lo que no era una alternativa pedir esto a quienes no cuentan con este tipo de formación. Además, en coherencia con los principios de la IAP, somos plenamente conscientes de que existe una delgada línea entre entender la escritura como un ejercicio empoderador e inclusivo, cuyo propósito es compartir el poder, y convertirla en una práctica intimidante que termina excluyendo a los participantes porque les exige demasiado. La práctica de la escritura colaborativa puede considerarse algo inherentemente positivo en el contexto de una investigación participativa; sin embargo, dependiendo de con quién se escriba, puede resultar desempoderante, y creemos que es importante reconocerlo. Para aquellas coinvestigadoras que se sienten menos seguras al trabajar con textos escritos, este proceso puede ser frustrante y ponerlas en la posición de sentirse obligadas a revelar que les resulta difícil, lo cual puede avergonzarlas. Por lo tanto, pareciera que la escritura colaborativa agrega una capa adicional de actividad académica que puede entrar en conflicto con las ideas de inclusión y horizontalización de las relaciones de poder, propias de la IAP. Evidentemente, en la práctica, como en todos los aspectos de la IAP, un enfoque más ético y democrático respeta las diferentes habilidades que aportan las personas, no da por sentado que todas deban colaborar de la misma manera y garantiza que todas participen en la medida en que lo deseen y de la manera en que se sientan cómodas.

Mientras escribíamos este libro, la pregunta sobre qué hay en un libro y para quién lo escribimos adquirió cada vez más relevancia e importancia para nosotras. Sabíamos que deseábamos que sirviera como guía para otras personas interesadas en la metodología que habíamos desarrollado en conjunto, y les preguntamos a nuestras coinvestigadoras qué otras cosas creían que debía incluir. Como tal vez cabía esperarse, los conocimientos que creamos juntas y los temas abordados en la película fueron también los temas principales sobre los que las mujeres consideraron importante escribir. De este modo, decidimos conjuntamente que, si bien el libro ofrece información y orientación metodológica, también debería aportar conocimientos sobre desplazamiento, desafíos urbanos y aspiraciones de las mujeres para el futuro.

Esto nos regresa al tercer objetivo de este libro, surgido a partir de la pregunta: "¿También escriben con sus participantes?", que abordamos en el capítulo 1. Ahí, explicamos algunos de los principios de la coescritura, así como las realidades relativamente complejas. Aquí, reflexionamos sobre el valor de escribir junto con nuestras coinvestigadoras. ¿Es escribir juntas la mejor manera de difundir el conocimiento juntas? ¿Para quiénes escribimos, cuando escribimos juntas?

Comenzamos con la última de esas preguntas, que se centra en el público. Aunque la pregunta "¿También escriben con sus participantes?" se le hizo a Sonja en un espacio académico cuando presentaba el proyecto de investigación y la película que codesarrollamos. La publicación de un proyecto de escritura como este a través de un canal académico no ha sido tan sencilla. La primera editorial a la que presentamos esta propuesta tenía poco conocimiento de la teoría y la práctica de la investigación y la autoría colaborativas, e insistía en el uso de un lenguaje y contenidos "más académicos" a lo largo de todo el libro. Por lo tanto, existe una incongruencia entre la comunicación y la producción de una investigación conjunta, y las formas en que la escritura académica se difunde y se valora. Una vez que la mayoría de los proyectos ha concluido, suele predominar la publicación en forma de textos académicos cuyo propósito principal es desarrollar teorías a través de libros y artículos especializados que, por lo general, ofrecen a nuestras coinvestigadoras un espacio limitado de participación. Por lo tanto, ¿para quién escribimos?

Al igual que otros colectivos dedicados a la escritura, nosotras buscamos desafiar la forma estática (que hay quienes llamarían "obsoleta") de escribir, y fomentar el uso de métodos más innovadores de coescritura. Sin embargo, en lugar de considerarlos simplemente como otro producto académico innovador derivado de un proyecto de investigación-acción, clasificado como un impacto, pero sin el reconocimiento necesario para equipararlo a otros tipos de publicaciones académicas, sugerimos abordar la publicación de conocimientos coproducidos y su reconocimiento desde una perspectiva diferente. Esto también lo hace accesible a nuevas audiencias. Combinar material audiovisual con texto escrito para permitir que las mujeres tuvieran coautoría sin necesidad de tener las mismas habilidades de redacción en las que nosotras, como parte del mundo académico, nos hemos formado, generó ciertas dificultades. Estas no solo giraban en torno a cómo podríamos incluir este tipo de material y hacerlo parte del libro, sino también a si dicho material sería aceptado como parte del conocimiento académico por sí mismo, sin necesidad de expresarlo en palabras y teorías. Sin embargo, si nuestro objetivo es coproducir conocimientos que también tengan valor para las coinvestigadoras con las que colaboramos y otras personas interesadas en el tema, era necesario encontrar una forma que les permitiera reconocer su propia voz en este libro colaborativo. Afortunadamente, nuestra editorial actual estaba mejor preparada y comprendía mejor estos objetivos.

Estas dificultades dan lugar a otras preguntas sobre la naturaleza del conocimiento que es posible generar y el valor que tiene para nuestras coinvestigadoras. El proceso de escribirlo juntas, así como los numerosos días de talleres dedicados a la creación del contenido empírico, nos dejó claro lo que debería incluir este libro y cómo debían contarse las historias de las mujeres. En los espacios de escritura académica, reconocemos con frecuencia que nuestros argumentos emergen durante el proceso mismo, pero ese espacio de reflexión que surge durante la escritura rara vez se extiende a nuestras coinvestigadoras.

Por último, nuestra pregunta "¿Qué hay en un libro?" desafía la idea de que existe un único estándar de excelencia académica, el cual puede acercarnos a un ascenso, pero alejarnos de nuestras personas investigadas y coinvestigadoras. Si el objetivo es tener un impacto, los libros también deberían ir más allá de las formas tradicionales de escritura y publicación, y no limitarse a ocupar un lugar en bibliotecas o en listas de publicaciones en sitios web académicos. El modo en que escribimos este libro requiere muchísimo más tiempo. Coordinar la coautoría con muchas personas que tienen distintos niveles educativos y lenguas diversas, provenientes de distintos países y utilizando diferentes formatos, ha sido un proceso intenso y, a veces, agotador... mucho más que las vías de publicación académica que gozan de mayor reconocimiento. En ocasiones, el proceso resultaba frustrante y contradictorio, ya que debíamos negociar y compaginar las normas y los estándares convencionales de investigación, mientras llevábamos a cabo una investigación-acción, nos esforzábamos por implementar prácticas feministas y decoloniales, y reflexionábamos seriamente sobre el tema del poder en el proceso de investigación.

Perspectivas futuras

Mientras escribimos este capítulo de conclusión y reflexionamos sobre los orígenes de nuestro proyecto en 2020, el futuro de la investigación sobre temas de justicia y desigualdad parece incierto. Los impactos del cambio climático, la degradación ambiental, el genocidio y el conflicto, la migración masiva, la creciente brecha entre ricos y pobres, y la amenaza concreta de futuras pandemias son todas cuestiones que requieren una investigación continua y urgente, pero cuya investigación mediante los métodos convencionales conocidos hasta ahora conlleva cada vez más desafíos. Al mismo tiempo, estamos presenciando una contracción, recortes financieros y despidos en las universidades de muchos países occidentales, debido al colapso del sector provocado por décadas de neoliberalización impulsada por el mercado y la falta de inversión pública.

Nos parece que, en estos contextos globales y locales, los enfoques y las metodologías que hemos empleado en el proyecto presentado en este libro probablemente se volverán aún más valiosos en el futuro. Como sugerimos en el capítulo 1, los métodos a distancia e híbridos podrían ser una forma de ayudar a garantizar el futuro de la investigación en la era pospandemia. Esto es lo que ocurre en muchos casos en los que el modelo de investigación tradicional, que implica visitas de campo e incluso viajes internacionales, ya no es viable, y buscamos evitar sus impactos ambientales. Además, este modelo siempre ha sido inaccesible para quienes se encuentran en países, instituciones y comunidades más pobres o peor financiados, quienes tienen responsabilidades asistenciales, y quienes padecen discapacidades o enfermedades crónicas. Los métodos a distancia e híbridos pueden ofrecer beneficios similares a las personas que participan en una investigación, lo que, en cierta medida, nivela quiénes pueden y quiénes no pueden participar. ¿Podríamos incluso considerarlos una alternativa liberadora frente a prácticas coloniales masculinistas y basadas en la clase social? Siendo realistas, si prestamos atención a la realidad de las relaciones actuales de conocimiento y a sus contextos políticos más amplios, así como a las críticas indígenas y decoloniales, los riesgos de proclamar la liberación y la decolonización mediante la investigación resultan evidentes.

Asimismo, nuestro proyecto no se ha limitado a utilizar y desarrollar estas nuevas formas de aplicar los métodos, sino que también ha intentado enfocar todo el proceso de investigación desde otra perspectiva. El uso de la investigación-acción participativa, cuyas bases y sinergias se encuentran en las prácticas feministas y decoloniales, permitió a nuestras participantes reposicionarse como coinvestigadoras y contribuir a impulsar cada etapa del proceso de investigación. Esto, sostenemos, no solo dio lugar a un proceso más favorable, en el que los beneficios de la investigación tienen más probabilidades de ser compartidos, sino que también generó conocimientos más ricos que retratan las realidades de las vidas, los desafíos y los sueños de las mujeres con más precisión. También hemos sido cuidadosas en nuestro análisis para no exagerar el potencial de la IAP, identificando que existen riesgos de manipulación y coproducción antiética.

Por último, los temas que este libro aborda reflejan las prioridades y las experiencias vividas de nuestras coinvestigadoras, quienes son mujeres desplazadas que viven en Bogotá y Medellín. Son ellas quienes dieron forma a las preguntas, al proceso y a su contenido. En los capítulos 5, 6 y 7 compartieron sus testimonios sobre las experiencias de desplazamiento, las múltiples formas de violencia y los efectos del trauma a medida que se reasentan en la ciudad y comienzan a reconstruir sus vidas. Describieron muchos desafíos que conlleva el ser víctimas del conflicto colombiano, así como los problemas económicos, sociales y materiales a los que se enfrentan mientras construyen una nueva vida en la ciudad. Muchos de estos desafíos —y, de hecho, la amenaza de violencia— siguen presentes, ya que viven en áreas donde la mayor parte de la población enfrenta dificultades económicas y donde gran parte de ella es víctima del conflicto. A pesar de ello, todas las mujeres compartieron también sus metas para su propio futuro y el de sus hijos, y describieron las formas en que se organizan para alcanzarlas. Todas ellas emprenden acciones en diferentes escalas, que van desde su hogar hasta la comunidad, el barrio y la ciudad, y trabajan y tejen redes con otras para superar la diversidad de traumas y desafíos. El conocimiento que produjeron ha sido expresado a través de medios artísticos, los cuales se conectan con sus culturas y con la cultura deColombia y de la región en general. La participación de las mujeres en este proyecto de investigación y, especialmente, en el desarrollo de los resultados audiovisuales que incluimos en este libro, se convirtió en una parte integral de sus acciones cotidianas, en lugar de una "etapa" o "impacto" separado, como normalmente se posiciona en los proyectos académicos. Aquí hay mucho terreno fértil para seguir investigando, así como valiosos consejos sobre los cambios necesarios a las políticas y prácticas para apoyar a estas mujeres y a miles como ellas en sus esfuerzos por crear nuevos futuros urbanos.

Referencias

Beebeejaun, Yasminah, Catherine Durose, James Rees, Joanna Richardson, and Liz Richardson. 2013. '"Beyond Text": Exploring Ethos and Method in Co-Producing Research with Communities'. *Community Development Journal* 49 (1): 37–53. doi:10.1093/cdj/bst008.

Kindon, Sara, Rachel Pain, and Mike Kesby. 2025. 'Critically Engaging Participatory Action Research'. In *Critically Engaging Participatory Action Research*, 1–29. Routledge.

Lenette, Caroline. 2022. 'Why Decolonize?: Participatory Action Research's Origins, Decolonial Research, and Intersectionality'. In *Participatory Action Research: Ethics and Decolonization*, edited by Caroline Lenette, 0. Oxford University Press. doi:10.1093/oso/9780197512456.003.0002.

Marzi, Sonja. 2023. 'Participatory Video from a Distance: Co-Producing Knowledge during the COVID-19 Pandemic Using Smartphones'. *Qualitative Research* 23 (3). doi:10.1177/14687941211038171.

Marzi, Sonja, and Jen Tarr. 2023. 'Hybrid Research Methods Learned during the Pandemic Present a More Just and Sustainable Future for Participatory Research'. *Impact of Social Sciences Blog.*

Tuck, Eve. 2009. 'Suspending Damage: A Letter to Communities'. *Harvard Educational Review* 79 (3). Harvard Education Publishing Group: 409–428.

Tuck, Eve, and K Wayne Yang. 2012. 'Decolonization Is Not a Metaphor'. *Decolonization: Indigeneity, Education & Society* 1 (1).

www.ingramcontent.com/pod-product-compliance
Lightning Source LLC
Chambersburg PA
CBHW051258020426
42333CB00026B/3261